"跳出衡中看衡中,跳出学校看学校,跳出教育看教育,跳出中国看中国。"

衡中思考

深化思考力,强化执行力

张 永 ◎著

人民日报出版社

图书在版编目（CIP）数据

衡中思考 / 张永著 . -- 北京：人民日报出版社，2018.4
ISBN 978-7-5115-5399-7

Ⅰ . ①衡… Ⅱ . ①张… Ⅲ . ①中学教育—文集Ⅳ . ① G63-53

中国版本图书馆 CIP 数据核字 (2018) 第 059977 号

书　　名：	衡中思考
作　　者：	张永
出 版 人：	董　伟
责任编辑：	郭晓飞
封面设计：	艺和天下
出版发行：	人民日报出版社
社　　址：	北京金台西路2号
邮政编码：	100733
发行热线：	（010）65369509　65369527　65369846　65363528
邮购热线：	（010）65369530　65363527
编辑热线：	（010）65363486
网　　址：	www.peopledailypress.com
经　　销：	新华书店
印　　刷：	北京中科印刷有限公司
开　　本：	710mm×1000mm　　1/16
字　　数：	180千字
印　　张：	13.5
印　　次：	2018年5月第 1 版　　2018年5月第 1 次印刷
书　　号：	ISBN 978-7-5115-5399-7
定　　价：	45.00元

目 录
CONTENTS

序【001】

第一章 学校怎么管【006】
其身正，不令而行。衡中班子靠德来影响人、团结人、管理人，办好人民满意的教育。

007　课程建设：创新教学管理制度的条件与原则

011　人文关怀：志在高峰写华章

019　创新管理：让教师在"精神特区"中自主发展
　　　——河北衡水中学教师专业化成长侧记

026　教学观摩："电子眼"何以受教师欢迎

030　政治管理：新形势下学校思想政治工作初探

038　人本管理：以人为本　科学管理

044　德育管理：发挥校园活动在青少年德育中的作用

046　校本培训：衡水中学抓师德建设促发展

047　道德修养：给青年教师党员的五点建议

052　校规校纪：法治助推品牌建设
　　　——河北衡水中学依法治校工作纪实

附：班子代表

065　丰富的单纯
　　　　——记衡水中学校长、全国劳动模范张文茂

083　他，引领一种"追求卓越"的价值
　　　　——张文茂校长治校观念

087　这棵参天大树为何根深叶茂
　　　　——记衡水中学校长、全国劳动模范张文茂

第二章　教师怎么教【94】

平庸的教师是叙述，较好的教师是讲解，优秀的教师是示范，伟大的教师是启发。衡中也有题海战术，但不是让学生到海里去挣扎，而且老师到海里辛苦摸上新鲜的鱼让学生来品尝。

095　教育本质：尝试宽容教育　培育创新人才

100　教学改革：把课堂设在舞台

102　教育教学：教育惩戒是一种体验

105　课堂教学：体验是最好的老师

108　班会教学：营造"教育场"　提升教育力

111　引导教学：让学生互相欣赏精彩

113　家校合作：衡水中学开展家长进课堂活动

114　教育艺术：教育也需实现"零距离"

附：教师代表

117　培育"有生命自觉"的教师群体

　　　——衡水中学教师专业化发展侧记

120　追求

　　　——记衡水中学功勋教师张玉斌

第三章　学生怎么学【123】

衡中最大的特色就是没有特色，衡中学生不只会考试而是全面而优质。

124　自我管理：衡水中学探索学生德育新途径

126　养成教育：衡水中学向公车接送说"不"

127　震撼教育：大课间活动让学生在快乐中成长

129　家校共联：衡水中学的21位家长进校讲德育课

131　新生必修："这是我们的意志马拉松"

　　　——远足成为衡水中学新生必修课

133　自我教育："拒绝公车接送"活动与学生自治

135 体验教育:"绿色档案"播种环保理念

137 激发兴趣:让每一位学生个性飞扬

143 激励教育:在行走中播撒"爱"的种子

附:学生代表

146 14岁少年考入中国科大

第四章 外界怎么评【148】

目前全国很多学校包括跑操在内的德育模式都有衡中的影子。一所学校的成功不仅仅是声誉鹊起,更关键的是它的影响力和带动力。

149 学习来访:衡水中学电话铃声不断

151 政府表彰:弘扬衡中精神 加快衡水发展

153 裂变效应:衡水中学探源

187 现场观摩:"衡中德育模式"引起广泛关注

190 耀眼成绩:在质疑和挑战中前进

200 各界荣誉:衡中何以持之以恒、青春常在

序

衡水中学是中国基础教育的一个神话。一所地级市的高级中学，创造了如此惊人的高考升学奇迹，它让我们看到并相信，教师和学生有着无限的潜能，有着神奇的创造力。什么是神本主义，什么是人本主义？承认奇迹是神创造的就是神本主义，承认奇迹是人创造的，这就是人本主义。衡水中学的奇迹同时告诉我们，校长有什么样的境界，就会有什么样的学校；教师有什么样的精神，就会有什么样的学生。校长、教师、学生共同创造了衡水中学的奇迹。毛泽东同志说："世间一切事物中人是第一可宝贵的，在共产党领导下，只要有了人，什么人间奇迹都可以创造出来。"

衡水中学如何将美丽的梦想变为神奇的现实，衡水中学的校长、教师和学生是怎样的一群不平凡的人，这在公众的心目中是一个谜。于是，也就引发无数的猜测，其中不乏善意的误解和恶意的歪曲。

作为衡水中学发展过程的亲历者和教学与管理工作的参与者，张永从普通教师到中层干部，他的书中既有感性直观的认识，又有理性的思考，有真实的记录，有客观的评价，都是切身的感受。管中窥豹，略见一斑，他让我们看到一个真实的衡水中学。在令人目夺神迷的高考光环后面，高考桂冠所包含的是心血和汗水的拼搏，是理想和激情的飞扬，科学之光和人性之光交织出赤橙黄绿青蓝紫的彩色梦想，科学精神和拼搏精神的融合奏出生命成长的雄壮乐章。

衡水中学的学生，那些正值花季的青少年，一个个含苞待放，他们踏进衡水中学的校园，吸取知识的营养，在时间的长河中孕育着生命的拔节生长。"忽如一夜春风来，千树万树梨花开"，怒放的生命之花，辉映的是父老乡亲的笑脸。一所学校办得好不好，最高的标准是人民群众满意不满意，它取决于父老乡亲的口碑。一所学校办得出色不出色，它的终极标准是学生个体是否能得到全面而个性化的发展，是否能得到适当的乃至是最好的成长。高考成绩是一个重要的标志。一所高中学校，由于升学率太高而受到诟病，这似乎不公平。升学率的背后是什么，这是我们所关心的，也是张永老师这本书要告诉我们的。

在张永老师的书里，我们读到了"体验""宽容""创新"，我们也看到教师和学生之间零距离的对话，以及学生之间的相互欣赏和竞争。张永老师在他的书里告诉每一个读者，衡水中学的青年教师怎样积极地参与学校管理，校园活动在青少年德育中起了怎样的作用，以及学校现代化管理中的原则和各种变通。衡水中学充分发挥教师和学生的主人翁精神，努力营造和谐融洽的"教育场"，从而提升学校的教育力。衡水中学神奇和精彩的后面，便是这看似平凡的点点滴滴的辛勤和一丝不苟的耕耘，是与时俱进的创新，是从教师到学生并弥漫于校园的自主、合作、探究精神。

张永老师用深情的笔调真实记录了张文茂校长的办学理念，他让我们看到张校长如何执着地"追求卓越"，并将它铸就成校园的文化。他记述了张文茂校长丰富而单纯的内心世界，展示给我们的是一个博爱的师表，他以学识和风范引领着衡中的师生，他高擎着一颗燃烧的心，照亮衡水中学前进之路。张文茂校长不只是一个杰出的个人，他更是衡水中学领导集体的代表，他的教育思想是集体智慧的结晶。

张永老师记叙了衡水中学的功勋教师张玉斌，他的品格可视作衡中教师的精神标本，他是衡水中学教师的代表。一所学校的高质量终究以教师群体的高素质予以支撑，正是这群优秀教师以他们才华横溢的学识、默默奉献的精神、春风化雨般的教学艺术，教导和影响着莘莘学子的成长。衡水中学的每个学生犹如一本翻开的书，上面无不书写着教师的深情和心血。

衡中所关注的不只是高考升学的目标，学校以立德树人为宗旨，以师德建设促进学生道德发展，以学生道德模范评选促进校园道德风尚的形成。衡水中学让家长进校园开讲道德教育课，沟通学校教育、社会教育与家庭教育，使德育成为素质教育的主旋律，学生人格培育成为学校教育的首要任务。衡水中学不断探索学生德育的新途径，让学校真正成为道德的高地、精神的特区。

张永老师的著作以真实的叙述和理性的分析告诉每一个读者，衡水中学如何与时俱进地在挑战中前行，在创新中发展。"关爱生命，回归学生"是衡水中学课程文化建设的核心，培育"有生命自觉的教师群体"是学校工作的重中之重。在学校文化品牌的建设过程中，和谐是目标，法制是保障，精神是内涵，学生发展是根本，教学质量是基础，它们贯穿于学校教育的全过程、全方位，并在各种常规管理中得以细化而深刻地呈现。

一所学校成熟的标志是学校文化的形成，是学校精神的凝聚，"追求卓越"已成为衡水中学从教师到学生的文化自觉和精神动力。校长是学校的灵魂，以校长为核心的领导班子的精神境界和领导艺术决定发展速度与所能达到的高度。读张永老师的书稿，自然使我联想到自己在衡水中学的见闻感受。衡水中学绝非所谓"应试训练的地狱"，这里洋溢着一种奋发和拼搏的精神，这里弥漫着一种青春的激情，这里的教师感觉到职业的神圣和自豪，这里的确让人有"温馨精神家园"的感觉。我召开过学生座谈会，我与他们对话，也随机地询问在校园里碰到的学生。我参加学生道德模范评选的现场会，会场气氛是那样的热烈，学生情绪是那样的高昂，认真、执着与理性交织在一起，那个场面让我深受感动，感动于孩子们的道德追求和公民意识。

衡水中学坚信"素质教育更能提高升学率"，他们努力让每一个学生都能得到更好的发展。张永老师告诉我们，因为弘扬道德教育，坚持教育创新，贯穿价值引领，注重教学研究中理论与实践的结合，所以衡水中学能够一次又一次地完成新的跨越和飞跃。衡水中学是神奇的但又是平凡的，将一种平凡做到极致，这便是神奇。

"木秀于林风必摧之，行高于众人必谤之"，传统的格言反映的是一种现实的无奈，同时折射出传统文化中的某种缺陷。衡水中学誉满天下的同时，是谤满天下。围绕衡水中学的毁誉，我们似乎应持有善意的态度、温情的理解和理性的分析。衡水只是河北省的一个地级市，并非省会城市，更非特区，并不占所谓的"天时"。衡水并非交通之要津，也非经济之重镇，不占"地利"。衡水中学当年也曾冷落，也曾边缘化，名不见经传，无惊人业绩，当然谈不上有多大的名声，更遑论在全国有巨大的影响。当时的衡水中学没有太多的人关注，当然也没有收获多少非议。伴随着衡水中学的腾飞，它声名鹊起的同时，便有各种猜测和指责。猜测与批评均属正常，但须有事实的依据，起码是有实地的调查。毛泽东同志说"没有调查研究就没有发言权"，到衡中校园里走走看看，和师生员工谈谈心，读读张永老师的这本书，或许我们能更真实地了解衡水中学，对衡水中学的评价或许会更准确一些。

衡水中学并非完美无缺，对于"棒杀"和"捧杀"他们都要有所警惕。切中要害的、有针对性的批评，能使衡中得到更好的发展。毛泽东同志说："对于人民的缺点是需要批评的，但必须真正站在人民的立场上，用保护人民、教育人民的满腔热情来说话。"我们常常抱怨当代社会缺真正的教育家，但我们似乎又对正在成长中的教育家缺少关切而太多挑剔。鲁迅先生说："在未有天才之前，要致力于培育天才得以成长的土壤。"社会要形成一种风尚，有助于学校办出特色，鼓励校长彰显个性，从而催生教育家的成长。

对于成长中的青少年，我们既要倾情爱护，又要严格要求。所谓天才，1%

是灵感，99%是心血和汗水。学校教育绝不能纵容怕苦畏难和游手好闲，尤其是高中学校。衡水中学在保证学生每天八小时睡眠和一小时户外运动的同时，有丰富多彩的学生社团活动，怎么就是魔鬼训练了呢？毛泽东同志当年教导说，人是要有点儿精神的。我们要保持过去革命战争时期的那么一股劲儿，那么一种拼命精神。这话今天过时了吗？读读张永老师的这本书，我们可以看到一个真实的衡水中学，对那些以满腔心血孜孜不倦地培育民族未来的教育同人，我致以深深的敬意。

是为序。

江苏省教育学会副会长、中国写作学会副会长 叶水涛

第一章
学校怎么管

其身正,不令而行。衡中班子靠德来影响人、团结人、管理人,办好人民满意的教育。

课程建设：创新教学管理制度的条件与原则

进入21世纪，教育改革面临着极大的机遇和严峻的挑战，对于一所学校来说，有个重要的问题，就是要着力推进教学管理制度创新。教学管理制度是教师在教学活动中的规范或准则，对教师的"教"与学生的"学"具有引导和制约两种功能。创新教学管理制度，建立完善的自我发展和自我约束相统一的教学运行机制，可以启发教育者的自觉，有效促进教师把教育观念内化为自己的教育理想和信念，由此形成对教育独特的认识和理解，有效实现教育教学活动的最高境界——创造性教育，从而遏制中国传统教育的某些弊病及其不良影响，积极推动中国教育现代化的历史进程。创新后的教学管理制度，将更加有利于教育教学资源的合理配置，有利于调动"教"与"学"两方面的积极性，有利于形成优良的学风和校风。

一、创新教学管理制度必须具备两个基本条件

创新教学管理制度涉及学校诸多方面和诸多因素，但教育管理者的创新素质和学校内部的创新氛围是最基本的因素。

1. 教育管理者的创新素质

学校管理者支配和引导着学校各个群体的行为，他们是否具有创新素质将直接制约与影响学校的发展与走向。教育管理者没有创新精神，就不会产生对学校发展的战略思考；没有创新人格，对创新建议就不能果断地接纳，更不会激发全校教职工的创造潜能，制度创新也就无从谈起。为此，教育管理者必须把创新与变革作为基本的兴校理念，积极转变教育观念，不断提高自身创新素质，及时发

现和开发蕴藏在广大教职工中的创造性品质,并尽可能地运用灵活多样的教育手段,设置多样化的情境,采取多样的活动方式,不断激励和鞭策全体教职员工,正确引导和促进教职员工创新能力的发展。

杰克·韦尔奇在通用电气公司实行"末日管理",大胆启用勇于改革与创新的管理人员;比尔·盖茨反复向员工强调"微软离破产永远只有18个月",时刻提醒全体员工始终保持创新的紧迫感。正是因为这种强烈的忧患意识和危机理念,才使得他们的企业始终保持着旺盛的创新能力,不断创出新的成就。再拿河北衡水中学来说,我校的校训是"追求卓越",它并非仅指追求成就,更是指全体师生员工必须时刻保持一种永不满足的追求出类拔萃的进取精神和心理状态。实事求是地讲,衡水中学是因为具有一位富于创新的校长,才取得了今天的成绩。如果我们的校长前怕狼、后怕虎,保守求稳,那学校也只能永远望他校之"项背"了。学校管理者必须敢于否定学校旧有的、束缚人性张扬的条条框框,大胆进行教学管理制度创新,这是教育事业发展对学校管理者提出的理性要求。

2. 学校内部的创新氛围

教育创新是一种具有高度自主性的创造性教育活动,它不是教育管理者单方面的行为,而是必须由全体教职工积极参与的一种整体性、目的性行为。它依赖于全体教职工的真诚投入,依赖于不同教师间教育思想、意见的交流与撞击。美国心理学家奥托说:"我们所有的人,都有惊人的创造力。"吉尔福特认为:"创造性再也不必假设为仅限于少数天才,它潜在地分布于整个人口中间。"他们的话是有道理的。我们必须努力营造一个平等、民主、开放和宽容的创新氛围,创造一种以创新为内涵的校园人文环境,给教师以自由想象的时间和空间,给教师以交流与合作的机会,在教师的相互沟通、相互刺激、相互诱导中,提高工作乐趣,激发创新潜能。

衡水中学实行"自助餐"式作业,把学习的主动权交给学生,其实这一做法

正是来自一线的任课教师，被校长李金池发现后迅速在全校进行了推广，收到了意想不到的效果。美国著名管理学家孔茨说："管理就是要创造和保持一种环境，使置身于其中的人们能在集体中一道工作，以完成预定的使命和目标。"但如果广大教师满足现状，不思进取，缺乏创新欲望和动机，那么即使在这样的环境中，任何创新活动也都无法推行。要浓厚创新氛围，我们还要经常奖励在创新方面做出成绩的人，认可和鼓励职能部门的创新工作，以保护其创新热情。但值得注意的是，奖励创新行为不能过分依赖物质奖励，物质的东西是永远满足不了人类需求的。我们追求的应该是一种精神上的满足，一句话、一个问候、一个荣誉称号……所起的作用，往往比物质的更有效，这也是学校保持创新精神的重要条件之一。

二、创新教学管理制度必须遵循两个原则

1. 以人为本

学校管理要在不断创新的过程中，注重个体的差异发展、注重群体的和谐发展，从而达到学校的可持续发展。有活力、善创新的教师队伍是教改向纵深发展的前提，也是教育可持续发展的关键，任何一项创新活动都离不开人的参与。T.M.Amable 在她的《创造力的社会心理学》一书中指出：当人们被工作本身的满意和挑战所激发，而不是被外在的压力所激发时，才表现得最有创造力。我们必须高度关注教师的内在需求，使其在为学校创造价值的同时，能够充分实现自我价值，实现学校利益和个人利益的"无缝对接"，达到自我追求和学校需求的最佳结合，从而最大程度激发教师自身的创造性。

与此同时，我们必须充分关注学生丰富多彩的个性，促进每一位学生的全面发展，这也是创新教学管理制度的根本要求。如果远离"以人为本"的管理理念，那么，正如教育部基础教育司朱慕菊副司长在《走进新课程》一书中所说的，在"这种背景下的所谓的教学改革只能是打外围战，'戴着镣铐跳舞'，师生的生命力、主体性不可能得到充分发挥"。

2. 民主管理

改革和发展的实践告诉我们，没有民主的管理，就没有民主的教育；没有制定政策时的民主，就没有执行政策时的严格。一所学校，如果只有少数领导干部的积极性，而没有全体教职工的责任感和使命感，那么这所学校的一切工作都将难以开展。有关研究资料表明，教师群体对于民主、平等、尊重的情感需要，对于参与学校的民主管理，较其他社会群体有更强烈的追求。因此，在新的教学管理制度建设过程中，教育管理者应充分发扬民主，实施合作式、民主式管理，为教师创造一种宽松和谐的环境，从而满足教师群体的心理需求，使每位教师都成为自觉的创新主体，形成自我激励、自我约束、自我管理的局面，逐步达到人与学校、人与教育、人与社会的和谐统一。

教学管理制度创新不是一个抽象的概念，而是一个具有重大实践意义的课题。我们广大的教育工作者应该以强烈的忧患意识和时不我待的紧迫感与危机感，及时把握创新的机遇，不断加快教学管理制度创新的步伐，使学校能够不断发展优质教育资源，从而满足广大人民群众日益增长的接受优质教育的需求。

刊发于《中小学校长》2004年第1～2期

原标题《创新教学管理制度的条件与原则》

第一章 学校怎么管

人文关怀：志在高峰写华章

这是一片葱郁的季节，这是一个个性张扬、群芳竞天的季节。在这个季节里，1000多名学生从衡水中学走出，进入全国各大高校。2004年高考尘埃落定，有5名考生进入河北省文理科各前10名行列，重点大学上线人数847人，600分以上662人。有19名学生考入清华大学和北京大学，其中应届毕业生17名。全市高考文理科状元双双花落衡水中学。理科状元纪占明以706分的成绩名列全省第二名。文科状元武丹以670分的成绩名列全省第四名。

数字是直白的，也是最有说服力的。从1995年起，学校已连续10年教育教学质量名列全市第一，每年都有六七百名学子进入全国重点大学，衡水中学已成为名副其实的重点大学生源基地。让更多的学生升入理想的大学，这样冲天的豪气从何而来？校长张文茂感慨地说，素质教育更能提高"升学率"。

伴随着素质教育的提高，衡水中学开放兴学又迈出坚实步伐：2004年7月14日，衡水中学与英国罗杰·曼物兹学校举行友好学校签约仪式，标志着学校与国际教育接轨的进程又迈进了一大步；今年7月27日，由衡水中学独立承担的省教育科学"十五"规划重点课题《思想政治课中创新教育的协作性问题研究》和《高中英语课程资源的开发和利用》顺利通过专家鉴定小组的结题鉴定。

名师托出崭新衡中

早在1997年，随着教学改革的深入，衡水中学教育教学质量有了明显提高，连续两年高考成绩名列全市第一，但他们没有陶醉在鲜花和掌声中，一所学校，只有立足更高的起点，才能风景永驻。

在升学率大幅攀升，甚至有的班级升学率达到100%的情况下，怎样提高学生的综合素质，出精品，出人才，让更多的学生在进入自己理想的名牌学校的基础上，发展后劲更足，潜力更大？衡中审时度势，从学校长远发展着想，提出要创全国名校，必须实施精品战略，"出名师、育名生、创名科、建名校"。

一流的教师队伍是立校之本，要有名生，须有名师，培养精品学校的过程也是一个以人育人、以德育德、以能力育能力的过程，优化教师队伍，打造一支业务精、素质强、能力高的教师队伍是立校之本。为此他们每年都面向全国招聘优秀大学毕业生来校任教，以达到不同地域文化的互补和交流，几年来他们先后从全国十几个省、市、自治区招聘了100多名大学毕业生，仅今年就有42名优秀大学毕业生落户衡中。他们还从全国30个省、市、自治区的300名应聘者中，筛选了7名外聘教师，他们中既有各学校的骨干教师、劳模，也有硕士生，衡中全部为他们解决了住房和子女就学等问题。

对来衡中的青年教师，学校实行半月的岗前培训，这已成为惯例，在进入衡中的履历上，一开始就要摒弃传统落后的教育教学模式。每周三次的教研活动成了衡中的独特现象，常规教研、德育教研、课题教研，每一次教研都是一次升华，每一次教研都是一次火花的迸发。学校实行的"两促两带"更是为教育教学活动注入了活力。

两促两带

以考促学：对教师定期进行先进教育理念、现代教学手段的测试，提高教师教学改革的自觉性。

以用促学：每周两次现代教育技术培训，教师自愿参加，鼓励教师运用现代教育理论指导教学。

以老带新：实行导师制，由教学经验丰富的老教师对年轻的教师进行帮带，签订师徒协议，将教育教学成绩拴在一起考核。

针对学校教师结构日趋年轻化的实际，学校给青年教师压担子、让位子，让他们挑大梁、唱主角。目前，学校一线教师平均年龄30岁，所有学科教研组长和学科牵头人一律由40岁以下青年教师担任，部分青年骨干教师还走上了校领导班子和中层班子岗位。学校还制定了"功勋教师评比方案""优秀班主任评比奖励办法""青年教师希望之星评比方案"等，每学期还要举办优质课比赛、板书比赛、教案展评、优秀论文评选等活动，调动了全体教师的创新和奉献精神。学校已连续8年和连续5年进行功勋教师和希望之星的评选，分别有240多人次和110人次的优秀教师受到表彰奖励。

让教学成为艺术，让学习成为乐趣。这是衡中教师们共同追求的境界。对"灌输式"走顺了腿的教师们来说，这个要求是苛刻的，思路是全新的。这要求教师放下架子，果断否定自我。变灌输为启发、变教会为学会、变学会为会学、变告知为诱思，激发起每一个学生的学习兴趣，使学生在课堂上始终处于"心愤愤""口悱悱"的最佳心理状态。为追求这种效果，每位教师都精心安排、精心设计自己的每一节课，创造出灵活多样的、别具一格的教学方法。

多形式全方位提高教师素质是衡水中学的远见之举。他们走出去参观先进学校的教学探索与实践，请进来让专家学者开堂讲座，听课会诊。同时与各大学和科研机构建立了长期业务关系，邀请他们定期前来指导工作。为提升教师的学历档次，从2000年开始，他们有计划地组织教师参与硕士研究生进修班学习，2001年又与天津师大联合在衡中开办研修班。目前已有110名教师参加，许多教师已拿到硕士学位。随着教师科研能力和业务素质的迅速提高，一大批教师正成长为各学科的带头人和骨干。仅今年就有7名教师在省级优质课评选中获一等奖。在全国现代教育技术与中学数学教学改革课例展评活动中，学校青年教师吴树勋的优秀课例《向量在物理中的应用》被评为全国一等奖。几年来，学校教师发表论文300余篇，许多教师正由教书匠向"学者型""专家型"教师转变。

让一大批学生成为拔尖人才

衡水中学以学生为核心开展的教育教学改革同样进行得如火如荼，让更多的学生成为名生、成为拔尖人才成了学校实施精品战略、打造精品衡中的重要标志。

过去许多班级存在着这样一个共性的现象，不少尖子生早就听明白了还在那里"陪读"，不少后进生也对老师喋喋不休的讲课心有抵触。是肩并肩齐步走，还是因材施教，衡中坚持在"放"字上下功夫，大胆探索教学实践，让学生主体参与课堂教学，学生之间实现互动，通过对问题的争辩，相互启发、相互激励，达到合作学习、相互提高的目的。过去学校规定有一定的作业量，不少优秀学生吃不饱，后进生吃不了。从1999年开始，他们试行"自助餐"，每个学生根据自己的情况，自主选择，教师不能以任何理由和方式检查、验收"自助餐"。

在自主的状态下，学校进行了三个方面的学习改革。

一是减少学科授课时数，增设大阅览课和学科阅读课，三个年级的语文、外语周授课时数减少三课时，空余时间交给学生，学生可以进大阅览室自由阅览，发展特长，补弱纠偏，也可以进入学校开辟的语文、外语专用阅览室自取所需，全面发展。

二是把自习还给学生，增加学生自主学习时间，学科自习教师只能个别辅导，不允许讲课，不能以发篇子、放投影、对答案等形式变相占用自习，每节自习最后7分钟为学生合作学习时间，学生可以自由讨论、辩论甚至争论。

三是减少作业量，提高作业质量，各科教师针对学生的不同层次，精心设计、精心选择作业，不搞一刀切，他们在学生"自助餐"中专门配置特餐，尤其是对两头的学生，特餐不搞摊派，由学生量力自愿选用。

不是让少数学生而是让一批学生成为拔尖人才,衡中的"放"拓出崭新天地,优秀生可以在未知的领域自由驰骋、发展能力,后进生有了充裕的时间,加强所短学科的学习,有针对性地查遗补漏、迎头赶上。放开学生手脚,也使教师获得了解放,教师可以放心、放手、放权,放下架子平等地和学生交流,学生不再是知识的被动接受者,而是变成教学活动的积极参与者,在师生之间融洽和谐民主的氛围中,学生的潜能得到充分挖掘,积极性、创造性得到发展,创新意识和创新能力大大增强,教学成绩明显提升。1998年高考李欣同学获全省理科状元,2001年,全省高考文科第二、三、四名均出自衡中,全市文理状元双双花落衡中,2002年高考文理前十名,衡中独占十名,2003年又有十名学生跻身前十名行列,其中刘金玲同学获全市文科状元。几百名学生在全国各类大赛中获奖,刘婧同学还获得全国中学十佳文学少年称号,2002年获得第五届宋庆龄奖学金,被吸纳为河北省作家协会会员,而且成为国内第一位走上美国荧屏的小作家。

在衡中,有一个专为从衡中走出的学生而设立的博士长廊,在这里,八十多名有突出贡献的博士照片成为衡中的骄傲,也为每个衡中学生指引着目标和方向。

每年从衡中走出的大学生都有百余人向母校报告考取了硕士或博士研究生。他们说:是衡中先进的教学理念和创新的教学氛围给他们的未来插上了腾飞的翅膀。

把成长的天空交给学生

为学生的未来着想,让每一个学生都在和谐、民主、进取的氛围中成长,不仅学会知识,更重要的是学会做人,学会将来自立自强于社会。这样才有了进取的原动力。

衡中改革了学生的管理方式,落实学生的主体地位。设立助理班主任,不是少数人当班干部,三年一贯制,而是人人享有班务管理的权利,人人拥有锻炼的施展能力的舞台，学会了说话，学会了处事，学会了民主，学会了自我管理。他们建起了校报《衡中时空》，编辑、撰稿人、版面设计都是学生，谈人生，谈感悟，谈校园变化和青春梦想，《衡中时空》成了学生们交流思想、表现自我的平台。2004年，学校校报在"德育报"杯全国校报校刊评选活动中，被评为一等奖。学校还与市广播电台联合开办了"衡中校园天地"栏目，学生走上主播台，和听众平等对话交流。每年一次的远足更是为学生提供了一次锤炼自己的机会，五一前后学校组织40余公里的远足活动，校长、老师亲自参加，许多学生脚上磨出了血泡，仍然坚持着，在意志的磨炼中，学生升华了自己的品质。

把学生的管理权交给学生，教师并不是当"保姆"。衡中在一点一滴的小事上都显示着与众不同。一次，衡中的两个班举行篮球赛，因身体接触而引起争议，台下的啦啦队也对立起来，声言放学后还以颜色。面对紧张的态势，是压制还是包办，双方的教师没有当警察和裁判，他们说：这份特殊的作业还是要让学生自己完成。他们把当事人叫到一块儿，待他们冷静下来面授机宜，结果在班会时，双方教室都出现了对方班长和体委道歉的情景。掌声化解了双方的怨愤，增进了理解和信任。

在绿草如茵、鲜花锦簇的校园，在绿树和花园般广场相拥的学子大道，在格物楼、揽月楼、明志楼、求真馆衬托的典雅氛围里，衡中俨然就是一个精神的化身。在学生宿舍，我们看到每个门楣上都贴着剪贴的字画，命名了个性鲜明、情趣盎然的各种小屋，宿舍内雅致宁静，各自的床壁上，都有自己设计书写的警言警句。这样独特的宿舍文化，书写着衡中丰富多彩的校园生活。

衡中精神，在学生自由的发展中张扬着，许多人担心，放手、放心、放权会放纵学生，然而在衡中这样一个团结、进取的氛围里，每一次精神的洗礼都转化为求知的动力，从课堂上开诚布公的争论，到大阅览课上学生的自由求索；从学生自我设计的情景对话，到各个"学习角"的学习互动。衡中以她独特的精神，给了学生张扬个性、发挥特长、自由驰骋的天空。

升华的衡中精神

说起衡中，人们总把升学率和名师、名校连在一起。的确，衡中创造的辉煌，让每一个关心衡中的人感动和骄傲。然而对于生活在这所校园里的师生来说，这一切成绩的取得缘于学校创设的人文环境，缘于奋发向上、永争第一的学校氛围。正是这片纯净、典雅而又活力四射的土壤，孕育了衡中一片崭新的天地，他们说：衡中是一片精神的特区。

曾几何时，学校也有过管理的苦恼。学生自由散漫，教师队伍人心躁动，忙着办补习班，甚至接受学生家长的礼品。面对各种各样的思想误区，校领导痛心疾首，一所学校，没有精神的家园，就如同一盘散沙，没有凝聚力和向心力。他们说，学生有着与生俱来的向善性和向上性，这是他们弥足珍贵的品质，需要保护。对于学生一生来说，影响他们最大的不是知识而是品质，学校应该成为心灵得到净化、精神得到升华的特殊园地，应该像建自然保护区保护自然资源那样，保护孩子纯洁的世界不受污染。从1995年开始，学校提出建设精神特区的目标，即和谐的人际关系，温馨的人文环境，奋发向上的精神状态，充满激情的工作氛围。

为配合建设精神特区，学校制定了一系列制度和措施。从学校管理层抓起，从教师队伍抓起，许多校领导和教师经历了一个痛苦的嬗变。一名副校长吸了18年烟，笑称加起来超过20里，从宣布校园无烟区的头一天就戒了烟，那些日子实在不好受，但还是忍着挺了过来。对学生严格管理还有错？让学生罚站的教师想不通，校领导亲自做工作，讲明尊重的教育对学生成长的重要性，使老师愉快地接受了这种理念。多年形成的习惯，改变起来十分不易，但在制制面前，在相互监督面前，人们逐渐远离了"禁区"。在习以为常的惯性打磨中，在对一件件事情的修正中，衡中人找到了精神的回归。

·衡中思考·

旧的习惯除了，新的风气树起来，衡中推出的一项项举措为建设精神特区做了很好的诠释。"拒绝公车接送"，学生对父母过度的关爱说"不"，屡禁不止的公车接送风大为收敛；教职工婚事简办，学校出面祝贺，教师之间不再赠送贺礼，婚宴招待绝迹了；教师假期办班杜绝了，学校公费送教师外出观摩学习，假期忙"充电"成了衡中一景；"最佳仪表教师""师德标兵"评选，学生打分，公开唱票，许多教师因此关注起自己的行为举止，一举手、一投足处处透着"师表"。

青年教师郗会锁在给大学母校的一封信上这样写道："这里的每一个教师都有一股想成为名师的志气，为公为生的正气，蓬勃向上的朝气和敢打敢拼的勇气。在这样的环境中，我无法不拼命工作，这里是知识分子的精神家园。"这封信是刚刚30岁的小郗大学毕业到衡中工作不久后写的，如今他已成为全国模范教师、全国优秀班主任。

衡中精神，带来了万众一心的拼搏意志，带来了舍我其谁的进取意识，带来了名生辈出的崭新面貌。进衡中就是在成才、成器，进衡中就是要当名生、进名校。胸中装有大目标，自当雄鹰长空。

先进的教育理念和优异的教学成绩，引来了全国各地的教育专家、学者前来衡中寻宝，一年多时间，来衡中参观考察的教育同人覆盖了全国30个省、市、自治区的7000多个单位，达45000余人。一位山西太原来参观的女校长看到操场上学生队列整齐，深受感染和震撼，她激动地用手机给学校打电话："听，这是现场直播，我现在就在衡水中学的操场！"这就是衡中，一个外来参观者眼中的衡中，这就是衡中，一个处处彰显着昂扬朝气、拼搏锐气的衡中。

刊发于《河北日报》2004年9月27日
原标题《志在高峰写华章——写在全国名校衡水中学》

第一章 学校怎么管

创新管理：让教师在"精神特区"中自主发展
——河北衡水中学教师专业化成长侧记

知名教育家梅贻琦先生说："所谓大学者，非谓有大楼之谓也，有大师之谓也。"大学如此，中学亦如此。作为一所追求和谐共生、持续发展的省级示范高中，我校提出了"以人性化管理促个性化发展、以科学化管理促专业化成长、以精细化管理促整体性提高"的教师培养目标，我们认为，要提高教师素质，人文关怀是基础，校本培训是关键，创新管理是保障。

满足教师需求激发生命潜能

有关研究证明，广大教师对于民主、平等、尊重的渴求，对于参与团队管理的欲望，较其他社会群体更加强烈。那么，学校应该如何满足教师的正当需求、构建和谐环境呢？

1. 从师德建设入手，为教师创建"精神特区"

1996年，我校明确提出了把学校建成一个"精神特区"的构想，力求通过这一举措，创造一个尊重人的价值和精神存在的环境。经过十余年的摸索，精神特区的内涵逐步丰盈起来。

四种境界

班子成员要从大局出发、以事业为重、对未来负责、为师生着想。

四个远离

广大教师要远离庸俗、远离铜臭、远离低级趣味、远离不正之风。

四项目标

创建工作最终要实现和谐的人际关系、温馨的人文环境、奋发向上的精神面貌和充满激情的工作状态,在平淡中体验快乐,在快乐中感悟人生。

……

学校先后组织开展了"党风带教风,党性铸师魂"主题教育活动、"学校是我家,我们都爱她"主题实践活动、"学生在我心,师德在我行"教师演讲比赛等,从抓师德建设入手创建"精神特区",把"精神特区"建设的最终目标锁定在师生的和谐发展上。

2. 积极创造条件,让广大教师参与学校管理

参与能给人以尊重感和信任感,参与本身也是一种激励。当广大教职工参与学校管理、参与学校决策的精神需要实现后,他们就会产生一种强烈的归属感和认同感,并由此引发出强烈的创新意识、奉献意识和主人翁意识,其素质就会随之得到提升。

学校建立健全了工会和教代会,凡是关系学校发展和教职工切身利益的大事,都要广泛征求教职工的意见和建议。教代会定期听取并审议学校的重大决策及工作报告,并对学校工作提出意见和建议。在 2005 年召开的八届二次教代会上,教工代表提出的议案、建议、意见达 95 条,涉及 36 项具体工作,现在基本上都得到了落实。校长张文茂向全校郑重声明:"我办公室的门任何时候都是对老师们敞开的。"

学校还成立了校务咨询委员会、年级事务咨询委员会,创新推行了教学调研

员制度、德育调研员制度、财务监督员制度等,让教师和各界人士对学校的发展和各项工作予以监督。学校还通过设立校长心桥信箱和网上留言箱、召开恳谈会、组织问卷调查等途径和形式,一方面接受教职工的监督,一方面收集他们对学校的建议,并提交校长办公会研究解决。

3. 满足教师的生活需要,让教师专注于专业发展

学校班子成员认识到,只有帮助广大教师解决了生活中的各种困难,才能让教师将注意力全部转移到工作和专业发展上来。

于是,青年教师婚恋问题摆上了校长行政会的议事日程,十栋教职工住宅楼拔地而起,高标准的健身房、舞厅也先后投入使用,学校还和市二幼联办了幼儿园,免费为教师家庭引进了网络,定期义务为教职工灌送煤气,为全校教职工购买了康宁终身保险,为广大女教工购买了平安女性安康团体重大疾病保险……

教师们无论是遇到红白大事,还是水电暖出了问题,学校总有专人在第一时间为教师服务。教师只要把工作干好了,无论房子、荣誉、职称等,学校都会替教师安排好。学校就是这样把教师从琐碎的生活事务中解脱出来,让他们衣食无忧、安居乐业,为教师专业化发展创设了良好的环境。

加强校本培训搭建成长平台

校本培训是教师专业成长之源。我们不仅倡导教师关注个人体验、感悟和自我反思,而且强调教师群体之间的合作与交流,不断强化和创新校本培训模式。

1. 明确培训措施与标准

通过"三促""四带(代)"、过"五关"提升教师素质。"三促""四带(代)"是具体的培养措施,"五关"是要达到的一种标准,"五关"全部通过之后,才是"合格教师"。

三促

以考促学：学校定期组织教师进行教学基本功考试，考试成绩计入教师个人业务档案。

以评促教：学校经常组织不同层面、不同形式的听评课和评教活动，依据《评课规则》，每听必评。评课时，每个听课教师至少要指出授课人的三点缺憾，且不能重复，这样可以督促听课者与授课者双方共同提高、共同进步。

以赛促练：学校不仅经常组织教师在校内进行各种各样的比赛，如优质课评比大赛、教学课件比赛等，而且经常创造条件，让教师走出校门参评参赛，帮助他们"成名""成家"。

2005年，学校先后推选20余名优秀教师走出校门、走向全国，或是做学术报告，或是介绍教育教学经验。

四带（代）

典型引路，以点带面：学校每年要进行"十大杰出青年教师希望之星""最受学生欢迎的教师"以及师德报告会等系列评优选模活动。每次活动前后都需要两个多月的时间，活动中注重过程，注重细节，进行大张旗鼓的宣传表彰，用教师身边的典型人物去带动教师爱岗敬业。学校还经常组织优质课、示范课观摩活动，充分发挥校内优秀教师的示范作用。

结对帮扶，以老带新：学校扎实推行导师制，推行师徒"捆绑制"，特别设立"人梯奖"，让结对师徒签订协议，明确导师的职责，规定帮带的内容，制定了考核的标准。

跟踪指导，以会代训：学校通过同步跟踪教师教育教学状况，发现普遍存在的问题，有针对性地召开各种会议，以会议培训引领教师专业成长。每年新毕业

分配到校的青年教师，上岗前，都要接受十天左右的集中培训。

创造机遇，以学代奖：一位教师如果工作突出，成绩优秀，学校就会给予他很多的学习机会，让他积蓄能量，加快发展。由此，外出学习、考研成了一种荣誉、一种奖励。

过"五关"

是指青年教师四年内必须过思想品德关、教学技能关、教材教法关、教育管理关、教育科研关。

学校制定了具体的过关标准，关关建档，关关考核，关关跟踪。

2. 拓宽培训渠道

如学校经常采用"请进来、走出去"的办法转变教师的观念，提高教师教育教学能力。学校曾多次请魏书生、李希贵、李镇西、任小艾、丁榕等专家学者到校讲学，也曾多次带领教师们到上海、北京、江苏、山东等地的名校观摩学习，全国100多所著名高中都留下了教师们的足迹。学校还经常聘请高校的有关专家来校讲课，利用寒暑假的时间举办短训班，目前已经有120多人通过短训班的学习，拿到了硕士研究生同等学历证书。去年，还有3名教师先后到国外接受了为期半年的业务培训。

3. 创新培训方式

如学校投资安装了一套教学观摩系统，任何教师在校内任何一台计算机上，只要轻点一下鼠标，就可以观摩任何一个教室内的教师授课情况，而且该系统还可以像摄像机一样录制任何一节课堂教学。学校规定，每位教师每学期必须利用该系统录制两节自己的课堂教学，授课结束后认真观看，积极反思。学校还经常利用该系统组织自录反思课评比活动。青年教师先听后讲，不听不讲，课堂教学艺术提升迅速。

创新管理机制促进自主发展

1. 推行"走动式"管理

学校提出并实行了"高站位决策、低重心运行、近距离服务、走动式管理"的运行模式。所谓"走动式"管理，其中一个重要含义就是领导干部要经常走到教师中间，走进教师备课区、教师家庭，去主动接近每一位教职工。

张文茂校长说，推行"走动式"管理，就是要创造一种相互尊重、相互分享、相互关注、相互信任的工作氛围，激发教职工自我发展的欲望。为了把这一管理思想落到实处，校党委向班子成员提出了开展"八个一"活动的具体要求，

具体落实情况要在每周五的校长行政会议上予以汇报。这就使领导干部和教职工的沟通更加主动。每天上班后，班子成员所做的第一件事，就是到备课区、到各教室走走看看，和没有课的教师聊聊天，及时了解他们对学校、对工作的看法。

2. 完善教育科研管理机制

1997年，学校成立了专门的教科处，具体负责学校教科研和教师专业化发展等相关工作。教科处建立健全了系列规章制度，引入了竞争激励机制，把能否承担科研课题、承担课题的级别层次、科研成果大小，作为教师评职晋级、评优选模的先决条件，并把课题研究工作列入教研组考核奖励之中。2004年，教科处又制定出台了《教育教学科研成果评选办法》，对科研项目获奖者、在部分报刊发表论文的作者给予物质和荣誉双重奖励。

朱永新教授认为：教育家产生的途径之一就是一线的教育工作者提高理论素养。这就要求教师必须加强理论学习。于是，教科处大力开展"书香校园"活动，努力推进"知识富脑"工程，"学、考、讲"相结合，让教师在学习中提升专业理论素质。2005年，学校还在高中三个年级的备课区内开设了三个小型阅览室，

为教师的理论学习和专业发展创造了便利的条件。

3. 建立健全激励机制

为把教师的专业发展内化为学校的职责，学校打破论资排辈、平均主义思想，建立健全了一整套激励机制、竞争机制、评价机制等，让能者上得去，庸者下得来。比如，某位教师能否由高一跟上高二，或由高二跟上高三，学校有一套完善的考核办法，让青年教师产生紧迫感、危机感。学校还制定了"功勋教师评比方案""优秀班主任评比奖励办法""十大杰出青年教师评比方案"等，调动了全体教师的创新积极性。

刊发于《中小学管理》2006年第7期

原标题《让教师在"精神特区"中自主发展——河北衡水中学教师专业化成长侧记》

教学观摩："电子眼"何以受教师欢迎

对于校园"电子眼"，赞成者有之，质疑者亦有之。我以为，凡事皆有两面性，校园"电子眼"也不例外，评议其功过的关键，是看学校安装这套系统的初始目的是什么，看其应用是否恰当适度，最后又形成了什么样的结果。

两年前，我校领导层经过多方考证，在广泛征求广大教师意见、教代会表决同意的基础上，为每位教师配备了一台液晶显示屏电脑，同时在所有教室安装了一套教学观摩系统。这套观摩系统，对全校上下每个人都是平等开放的，上自校长，下至教师，使用权限均相同。任何一位教师在校内任何一台计算机上，只要轻轻点击一下鼠标，就可以观摩或录制任何一位教师的实时课堂教学，了解任何一位教师的实时授课状况。正是由于它改变了已往"电子眼"的单一监控功能，改变了只有学校管理层才能使用的做法，让广大教师成为该系统的主人，所以，在安装之初，它就受到了广大教师的欢迎。概括地讲，它主要有三种作用。

1. 照镜子

该系统可以随意录制任何一节课堂教学，可以是自己的，也可以是他人的。如果录制的是自己的课，授课人就可以根据录像进行自我反思，以便有针对性地改进课堂教学；如果录制的是他人的课，录制者就可以把这节课与自己的课相对比，寻找自身的不足，明确改进的方向。

为督促教师们经常"照镜子"，学校规定，每位教师每学期必须利用该系统录制两节自己的课，授课结束后认真观看，积极反思，努力改进。同时，学校每

学期都要组织一次自录反思课评比活动。现在,教师们经常自录课堂实况,并以此为据写反思札记,这已成为教师的一项常规工作。

经常性地录制自己和他人的课堂教学进行反思对比,这对于广大教师专业成长的好处不言而喻。如果没有该系统的支持,就很难做到这一点。

2. 带徒弟

在我校,一些老教师在指导青年教师时,经常利用该系统观摩徒弟的课堂实况。在真实的课堂教学情境中,师傅更容易发现青年教师的创新之处、不足之处与缺憾之处,课后指导起来也就更具有针对性,这比到教室里去听经过一定包装的课的效果要好得多。

刚刚毕业的青年教师,由于教学经验相对不足,有的对教材理解不透,有的对知识点把握不准,因此,他们在上每一节课之前,都希望能听听老教师所讲的同一内容的课。但现实情况却是,或者有一些老教师思想保守,不愿让青年教师听自己的课,或者因为青年教师有其他事情而不能亲自到教室去听课,这时青年教师就可以利用该系统进行观摩,或者将自己想听的课录制下来事后观看,从而有效解决了青年教师听课难的问题。

很多时候,同学科教师都在同一时间内讲授同一内容的课,青年教师即便有时间到教室听课,也只能了解一位教师的授课情况,如果同时利用该系统录制另外一节课,青年教师就等于有两个师傅在指导。现在,我校广大青年教师已养成"先听后讲、不听不讲",甚至是"一课两听、再听再备",将教案反复修改成精品教案的习惯。

以老带新,以新促老,相互砥砺,和谐共进。事实证明,教学观摩系统为青年教师的成长提供了一条捷径,为学校的持续发展奠定了基础。

3. 促教改

在课堂教学改革过程中,我校出台了一系列具体措施,如教师不能提前上课、不能拖堂、学科自习课不能讲课、综合自习课不能布置作业、连续授课时间不能超过5分钟等，旨在把自主学习的时间还给学生，把自主思考的空间还给学生。但由于一些教师习惯于传统教学，对教改措施置之不理，所以部分学生依然在"疲劳战""题海战"中难以解脱。要改变这种局面，就要加强督察管理，但由于学校办学规模越来越大，所以督察难度很大。教学观摩系统的开通使用，及时有效地解决了这一难题。谁拖堂了、谁侵占学生的自习时间了，打开教学观摩系统一目了然。这样，管理人员就可以有针对性地提醒某些教师规范其教育教学行为。此外，由于授课教师在授课之前，不知道谁要听自己的课，所以就要尽量把课备好、备充分，并努力把课上好，这不管是对教师，还是对学生，都是有百利而无一害的。

在使用该系统的过程中，为了把它可能产生的负面影响降到最小，学校根据实际情况，提出了一些具体要求。

使用"电子眼"须知

一是不允许教师利用该系统录制学生自习课纪律情况，更不能以此为据教育惩戒学生。

二是不允许班主任利用该系统录制学生不文明行为，特别是涉及学生隐私的场景，更不能录制下来公开播放。

三是不允许年级部把利用该系统所观察到的现象，作为评价文明班集体的依据。

四是不允许职能处室把利用该系统所观察到的教师授课行为，作为评价考核教师的依据。

五是坚决杜绝滥用该系统侵犯师生个人隐私现象的发生。

……

对于以上相关规定，违者一律按教学事故论处，构成侵权的依法追究其责任。这样，就有效地发挥了该系统的正效应，最大限度地避免了由此带来的一些问题和弊端。

自我校使用"电子眼"以来，它不仅给广大教师创设了一个相互观摩、相互学习的平台，而且最大限度地挖掘出校内的教育教学资源，促进了资源共享，强化了校本研修，加快了广大教师专业成长的速度。新毕业分配到我校的青年教师，每年都有超过四分之一的人直达高三任课，这些教师的教育教学成绩非常优秀。其间虽然有多方面的原因，但教学观摩系统功不可没。

由此观之，"电子眼"应不应该进校园，不是一个简单地肯定或否定的问题，关键是看使用中能否扬长避短。

刊发于《中小学管理》2006 年第 12 期
原标题《"电子眼"何以受教师欢迎？》

政治管理：新形势下学校思想政治工作初探

邓小平同志强调："我们共产党有一条，就是要把工作做好，必须先从思想上解决问题。"因此，做好新形势下的思想政治工作，有效解决思想问题，就成了推进学校和谐发展的重要课题，也是当前学校党委面临的重要任务。根据研究，本文从当前学校思政工作存在的问题、基本原则以及应对策略三方面做简要综述。

一、当前学校思想政治工作中存在的问题

一是重视程度不够。

有的学校从领导到党员，从干部到群众，对它的重要性认识不足，对它的地位和作用还没有完全放到应该放的位置上，认为思想政治工作没有什么学问，解决不了啥问题。于是，他们对思想政治工作或是一无所知，或是漠不关心，或是机械地贯彻上级指示，照抄照转，把丰富而生动的思想政治工作变成了千篇一律的官样文章。这样，往往会造成全校上下思想和行为的伪化与逆反，说言不由衷的话，办表里不一的事，缺失了童真和真诚。由此，必将给工作带来一定损失，而这个损失又由于是思想上的认识问题，人们是感觉不到的，却实实在在地影响了各项工作。

二是功利色彩浓厚。

为了在激烈的竞争中求生存，一些学校急功近利，开口闭口都是"分数"，片面追求升学率，却很少去关注思想政治工作，致使人才培养方向畸形发展。教

学质量是学校的生命，积极提高教学质量是正确的。但我们也应该清醒地认识到，提高学生的思想境界和道德水平更为重要，这是学校的首要问题。当思想政治工作做好了，就会产生一种巨大的向心力、亲和力和凝聚力，而这正是提高教育教学质量的可靠保证。从某一角度来说，抓思想政治工作就是抓教育质量，就是抓"升学率"，就是抓素质教育。反之，教育活动一旦掺杂了功利观念，学生必然会丧失人格的独立，进而异化成满足学校利益的工具。

三是两张皮现象严重。

一些学校做思想政治工作时，联系实际方面存在严重不足，不能很好地解决实际工作中存在的问题，你做你的思想工作，我做我的业务工作，思想政治工作和业务工作人为分离，产生了"两张皮"现象，这是认识上的误差。思想政治工作与教育教学、科研管理是密不可分的，它是在具体的教育、教学和管理过程中实现的，二者之间既相互独立，又不能绝对分离。

四是缺乏创新性做法。

一些学校凡事凭老经验，工作年年老一套，观念僵化，方法陈旧，内容单调，以致造成思想教育的低效无功。尽管一些学校领导也提出要强化思想政治工作，但他们不了解当前影响人们思想状况的客观环境及其特点，因此这种提法也仅仅是建立在一般性的要求上，诸如通过开开会、读读材料、搞个活动，进行有限的、临时的教育，缺乏认真系统的、有计划性的贴近师生思想实际的教育，更谈不上开拓创新、与时俱进了。

二、做好思想政治工作的基本原则

在社会主义市场经济条件下，做好思想政治工作必须遵循以下基本原则。

1. 以人为本的原则

胡锦涛同志曾指出："思想政治工作说到底是做人的工作，必须坚持以人为本，既要坚持教育人、引导人、鼓舞人、鞭策人，又要做到尊重人、理解人、关心人、帮助人。"这里既说明了思想政治工作的实质，又为我们创新思想政治工作指明了方向和最佳切入点。"以人为本就是要尊重人的主体地位，把促进人的发展作为我们工作的出发点。"在学校，以人为本就是一切工作都要以满足广大师生的物质文化需要为出发点和落脚点，在学校发展的基础上，不断为广大师生谋取切实的经济、政治、文化利益，为广大师生素质的提高和潜能的发挥提供必要的物质基础与制度保障，最大限度地调动人的潜能。只要我们真正做到了情为师生系、权为师生用、利为师生谋，那么思想政治工作就一定能够切实发挥其应有的作用，不断促进师生的全面进步和学校的全面发展。

2. 从实际出发的原则

毛泽东同志曾经说："我们是马克思主义者，马克思主义叫我们看问题不要从抽象的定义出发，而要从客观存在的事实出发，从分析这些事实中找出方针、政策、办法来。"这段精辟论述要求我们一切工作都要从实际出发，也就是从客观存在的事实出发，从客观存在的事物中，引出规律，来指导我们的行动。贯彻这个原则，关键是要深入一线、深入基层，搞好调查研究，抓住主要矛盾，使思想政治工作贴近实际，贴近生活，贴近师生的发展规律和思想特点，这样才能唤起师生创新发展的激情，找到破解难题的正确思路。

3. 刚柔并济的原则

邓小平同志曾提出"两手抓，两手都要硬"的思想，它适用于一切领域。思想政治工作也需如此，我们要灵活运用各种方式方法，既要"灌"又要"疏"，以"疏"为主，既要"管"也要"理"，以"理"为主，既要重视横向、纵向、双向、多向交流，也要注重对个体的教育，因人而异，刚柔并重，从而使说服教育和自我教育、理论灌输和思想疏导交相辉映，相得益彰。"两手抓"只是手段，"两手硬"才是目的。为此，做好思想政治工作，必须不断研究新情况，开辟新途径，探索新办法，把每一项工作落到实处，把每一个细节做到位，严谨些，再

严谨些；细致些，再细致些。这样才能减少工作失误，提高工作质量和效益，进而实现学校的既定奋斗目标。

三、学校思想政治工作应对策略

如何加强学校的思想政治工作？解决这个问题的途径很多。

1. 抓灵魂，创建新理念

为了让广大教师能够自觉抵御各种腐朽思想文化的侵蚀，使学校成为一个传播先进思想和文化的圣洁之地，衡水中学提出了把学校建成一个"精神特区"的新理念，以此引领、强化和改进全校的思想政治工作。为了把这一理念落到实处，使校园成为一片道德净土，学校组织开展了一系列活动，如"党风带教风，党性铸师魂"主题教育活动、"无批评日"主题实践活动、"学生在我心，师德在我行"教师演讲比赛以及"书香校园"活动、读书竞赛活动等。这些活动的开展，潜移默化地感染和影响着师生的精神生活，唤醒着师生的生命感和价值感，进而让其体验到了学习之乐趣、成长之幸福、生命之意义。可以说，这些活动"用理论的逻辑性和严密性以及由此产生的强烈感召力打动学生心灵，用真理的力量叩响学生的心扉，进而影响学生的思想"。这样就给了师生终生难忘的教育，并营造了一个尊重人的价值、尊重精神存在的人文环境。由此，广大教师思想境界更加高尚，精神风貌更加振奋，行为习惯更加高洁，他们就像一团燃烧的火，自觉地把学校目标和自身价值和谐地融为一体，以充满爱心和责任感的言行付出着，以昂扬的锐气和蓬勃的朝气工作着，以创造的热情和无尽的激情努力着，极大提高了学习、工作效率。"精神特区"新理念的提出，吸引了全国十万余名教育界人士的参观考察。来访者纷纷赞誉："你们老师的敬业精神真是太感人了，说明贵校思想教育抓得非常好，形成了一种良好的文化氛围，不愧是一个'精神特区'。"

2. 抓班子，打造新风貌

思想工作要落到实处，班子的自身建设至关重要。因为领导干部"只有在政治思想、道德品质、学识学风上以身作则，以真情、真心、真诚教育和影响学生，才能真正成为学生健康成长的指导者和引路人"。正是基于这样的意识，衡水中学特别注重班子自身建设，学校党委制定了"从大局出发，以事业为重，对未来负责，为师生着想"的班子座右铭，并要求班子成员切实做到如下。

三有

有困难的地方要有领导干部

有师生的地方要有领导干部

有师生的时间要有领导干部

四要

要求教师做到的领导首先要做到

要求教师做好的领导首先要做好

领导干部能够做到的要尽职尽责

领导干部能够做好的要尽善尽美

五勤

眼勤

耳勤

嘴勤

手勤

脚勤

六个相互

相互尊重

相互支持

相互谅解

……

七种意识

学习意识

反思意识

服务意识

……

通过这些举措提高了班子成员的自身素质,开创了班子队伍建设的新局面。班子成员以新的面貌挑担子,以新的思路抓发展,以新的风气办实事,每天工作十三四小时以上,深入一线,倾听民声,无私奉献,勤政廉政,主动让荣誉、让利益,时时刻刻以人格的魅力影响着师生。由此,学校发展越来越有活力,广大教职工越来越满意。

3. 抓调研,探索新方法

"思想政治教育能否成功,很大程度上取决于教育者是否真正把握了受教育者传达的重要信息,并据此进行有的放矢的解疑释惑。"为此,要增强思想政治工作的实效性和针对性,就必须认真调查掌握师生的思想现状、存在的矛盾和问题,于是,学校建立健全了"三级调研制度"。

三级调研制度

一是领导干部调研制度。

中层以上领导干部经常深入一线，参与听评课，参加各种会议，每天注意和师生进行交流沟通，及时发现和解决新问题与新情况。

二是教师调研员制度。

学校选派9名优秀骨干教师为校务咨询委员会委员，定期对师生的思想动态、教学管理等工作进行调研，并定期向学校提出合理化建议和改进方案。

三是学生调研员制度。

学生调研员每周都要将发现的问题通过调研信息表及时予以反馈，这为学校有针对性地开展各项工作提供了参考和依据。

同时，学校还成立了学生家长委员会，聘请了特邀社会监督员，开通了征求意见公开电话，开设了网站征求意见专栏，定期组织学情问卷调查，通过多种渠道了解师生的意见和建议。这样，才能有针对性地研究探索出新的途径、新的手段和新的方法，真正使思想政治工作符合师生实际，符合时代特征，符合教育规律，实现思想政治教育的"润物细无声"。

4. 抓载体，增强实效性

党的十七大报告指出：要加强和改进思想政治工作，必须注重人文关怀和心理疏导。为此，我校始终坚持把思想政治工作同解决实际问题结合起来，将教育内容渗透到为师生办好事、办实事之中，努力构建思想政治工作的有效载体。于是，十栋教职工住宅楼拔地而起，高标准的健身房、舞厅先后投入使用，青年教师的婚恋问题搬上了议事日程，教师家里有红白大事班子成员跑前跑后，全校教职工拥有了学校为其购买的康宁终身保险……凡是涉及师生切身利益和实际困难的事情，学校都尽心尽力地办好，不搞形式，不走过场，不摆架子，想实招、办实事、求实效，为教师专业化发展创设了良好的环境，为做好教职工思想政治工作创造了条件。同时，学校还充分利用各种宣传阵地，多角度、多形式地开展经

常性的思想政治工作，甚至辐射到学生班级、宿舍，延长到八小时之外，使广大师生员工置身于思想政治工作的浓厚氛围之中。这样，就把广大教职工的创造力量激发了出来，个性飞扬，灵性闪动，人性升华，进而凝聚成为推动学校和谐发展的强大动力。

总之，在新的教育形势下，我们要以十七大精神为指导，以广大教职工的根本利益为出发点，不断丰富思想政治工作载体，在求新、求活、求实上做文章，才能为学校远景目标的实现提供可靠的思想保障和不竭的精神动力。

刊发于《河北经贸大学学报》（综合版）2008年第2期
原标题《新形势下学校思想政治工作初探》

人本管理：以人为本　科学管理

近年来，河北衡水中学遵照"以人为本、科学管理、求真务实、质量第一"的理念，着眼师生发展，深入推进素质教育，各项工作都取得新突破，学校先后获得"全国教育系统先进集体""全国巾帼文明岗""北京 2008 奥林匹克教育示范校"等称号。

这一切都得益于一支高素质、高水平、高效率的教育管理队伍。作为一所追求和谐共生、持续发展的省级示范高中，衡水中学以科学管理求质量，注重师德建设，加强学习研究，创新工作方法，在不断进取中坚定了办学追求。

一、注重师德建设，提升人格魅力

在学校管理中我们提出：人格魅力是第一教育力，教育管理者要争做高尚师德的践行者、先进理念的传播者、开拓创新的探索者。

1. 倡导团队合作

一个处室、一个年级、一个学科组都是一个小团队，工作上最重要的是形成默契、主动的配合。能否搞好团结，是衡量和检验一个人素质高低、能力强弱的重要标志。在生活中，我们有时急着穿衣服，扣子扣不齐，衣服是歪的，一检查才发现扣子扣错了，社会学上称之为"第一颗纽扣效应"。管理者就像"第一颗扣子"，工作成效首先取决于自己的定位准不准，是否找准基点和坐标，不能只对别人横挑鼻子竖挑眼。因此，我们对管理者提出"六个相互"——相互信任、相互尊重、相互支持、相互谅解、相互配合、相互补台。每个人都要维护集体的团结，维护好集体的利益和形象。

2. 发扬奉献精神

甘于奉献，真抓实干，苦练内功，下真功夫，下苦功夫，下细功夫，这是我们对学校管理者提出的要求。作为管理者不能有值班、加班的概念，要做到有困难的地方就有管理者，有师生的地方就有管理者，有师生的时间就有管理者。要老师做到的管理者首先做到，要老师做好的管理者首先做好，而且要尽职尽责、尽善尽美、事事走在前面，用心谋事、用心干事，争学先进、争当先进。

3. 坚持工作原则

我们要求管理者事事有原则，时时有立场，是非分明，不和稀泥，不做"老好人"。对于身边违反原则的现象，一定要注意发现苗头性、倾向性的问题，该提醒的提醒，该批评的批评，该制止的制止，该汇报的汇报，敢说敢作敢为，决不能纵容包庇。这样才能筑牢拒腐防变的思想道德防线，引领教职工严格遵守廉洁执教的各项规定，自重、自警、自省、自励，洁身自好，一尘不染。对于广大教职工来说，给他们创造良好的工作环境，提出目标，严格要求，对他们的发展负责，这就是最大的爱护。所谓"上行下效"，管理者坐得正、行得端，工作中才会有说服力和带动力。

4. 敢于担当责任

有了责任意识，才会甘于奉献和创造，主动解决问题，主动攻坚排难，也才会全心全意为师生服务，全力以赴干好事业。讲责任最关键是要敢于负责任。作为管理者，每个人肩上都挑着一副担子。有的挑着班级管理的担子，有的挑着学科质量的担子，有的挑着服务师生的担子，只有各负其责，学校才能发展，事业才有希望。从一定意义上讲，管理者负责任的程度，决定着教育教学质量和学校事业发展的程度。管理者要有为工作"卧不安枕、食不甘味"的责任心，勇于承担重任，敢于做出牺牲，善于负责到底，以更高的标准要求自己，以显著的业绩证明自己，真正不辱使命，不负重托。

二、加强学习研究，提高综合素质

1. 培养学习习惯

在当今的学习社会中，放松学习就等于放弃了提高。日益激烈的教育竞争态势，为教育管理者提出了更高的要求，需要我们进一步解放思想，转变观念，提高工作效率，提高教学质量。要实现这一目标最佳途径就是加强学习，提高素质。唯有如此，我们才能不断找出差距，发现不足进而不断创新，实现跨越发展。因此，管理者必须抓紧学习、善于学习，切实把学习作为一种习惯，自觉地把学习融入日常工作和生活当中，不断地吸取新的理论、新的知识，提高理论素养，增强道德修养，坚定思想信念，更新知识内容，完善知识结构，提高业务能力，真正成为教育教学工作的行家里手。

2. 确立反思意识

反思是教师专业发展的关键，也是学校实现跨越发展的必由之路。在衡水中学，我们向教职工提出这样三个问题：我到衡中来干什么？我要做什么样的人？我今天做得怎么样？其目的就是让大家每天进行一次认真的反思，看人生定位准确与否，看工作中有哪些优点、哪些不足。除了经常进行自我反思，更重要的是进行对比反思，看别的学校、科室、学科组如何调动工作积极性，怎样高效开展工作，有哪些创新之处，取得了哪些成效，有哪些长处和优点需要借鉴。只有不断反思，才能不断构建新知，进而有所创新。

3. 增进研究能力

一所学校要持之以恒地提高教育教学质量，就需要不断地研究新情况、新问题，不断地进行新探索。管理者必须切实加强调查研究，创新教育教学模式，让不同层次的学生都得到发展，研究创新人才的培养模式，研究后进生的帮扶管理机制。同时，我们还要研究如何处理好冷与热、虚与实、严与宽、堵与疏、爱与罚、刚与柔、管与放的关系，以研究促管理，以研究促发展。为了督促管理者搞好调查研究，衡水中学开展了"八个一"活动。

八个一

每天至少和师生进行一次交流

每天至少发现一处工作亮点

每天至少查找一处工作不足

每周至少提出一条好建议

每周至少参加一次学教科研活动

每周至少到分别听评三个年级的一节课

每周至少开展一次工作创新

每月至少实施一项工作新举措

管理者要努力做到调查研究在一线、解决问题在一线、增长才干在一线、树立形象在一线。

三、创新工作方法，讲求管理艺术

一所学校如果仅靠领导督促和强迫，肯定是低效的管理。讲究工作方法，提升管理艺术，激活工作欲望，才是提高质量的关键。

1. 科学界定管理

我们认为，管理就是沟通、服务和引领，有效的沟通可以让团队成员形成统一的思想和意志。只有经常做到"有效沟通"，及时掌握各种信息，才能及时发现并解决问题，保障管理目标的落实。在日常工作中，有些同志发现不了问题，提不出问题，就是因为"五少"。管理者应切实避免这"五少"，经常深入一线，既要发现被管理、被服务对象的优点，也要及时发现和指出他们的不足。

五少

看得少

转得少

到位少

沟通少

交流少

试想，如果管理者心中有师生、真正爱师生、全心全意为师生服务，努力用人格的力量感染人，用模范的行动影响人，讲的是师生想的，干的是师生盼的，改的是师生怨的，怎能不激发起全校师生向上的愿望呢？学校管理不是简单的督促、检查、评价，而是一项复杂的系统工程，尤其要注重引领。引领包含的内容很多，诸如教育精神、教育本质、道德修养、校规校纪、教育艺术、教育管理等，都需要管理者带头干，带领师生一起干。沟通要主动，服务要到位，引领要超前，这三句话做到了，学校管理档次就提高了。

2. 增强计划性和预见性

在学校管理中，各处室各学科组、各班级都要有明确的目标，要清楚各自的目标，并对实现途径和方法进行认真比较与思考。设计出总体的实施措施和分阶段实施细则，努力从年级组管理、班级管理、学科管理等关键点上寻找突破。可以说，目标管理和过程管理同样重要，在实施中要注意分阶段目标的实现，及时对实施方案进行必要调整。此外，增强工作的计划性和超前性，还要做到"五勤"，即手勤、脚勤、眼勤、耳勤、嘴勤，及时了解和发现师生的微妙变化，并对可能的后果超前预见，把问题消灭在萌芽状态。管理者要逐步提高处理复杂问题的能力，扎扎实实地做好每一件事情，追求领先、追求超前、追求创新、追求品牌、追求卓越。

3. 注重工作细节

细节左右成败，细节就是素质。细节的落实程度，是一个人工作态度的表现，也是一个人工作智慧的显现。学校开展的各项活动，实际效果取决于自始至终的组织过程，取决于其中的每个环节、每个细节。比如在德育工作中，我校遵循"给学生终生难忘的教育"的理念，提出"重过程、抓细节、强体验"的德育原则，目的就在于此。细节越细，操作性就越强，问题就越少，效率就越高，成效就越显著。因此，管理者必须认真抓好每一个细节，超前谋划好每一个环节，做到细之又细、精之又精，才能确保工作中少出现或不出现失误，确保师生的健康成长，推进学校的持续和谐发展。

刊发于《人民教育》2008年第Z2期

原标题《以人为本 科学管理》

德育管理：发挥校园活动在青少年德育中的作用

青少年思想道德教育是学校教育的基础工程。丰富多彩的校园活动，是德育工作的有效载体，是提高学生道德水平、实现学生自我教育的重要途径。搞好青少年思想道德教育，应努力更新观念，积极创新内容、形式和手段，充分发挥各种校园活动的作用。

1. 从细微处入手

校园活动的各个层次、各个方面都蕴含着巨大的育人力量。在课堂教学活动中如何引入有启发性的课堂提问，在课外实践活动中如何融入更多的德育理念，对于每一名教育工作者而言都是值得认真思考的问题。事实证明，德育的有效形式往往隐藏在日常的校园活动中，深刻的教育思想可以通过细节传递，优秀的品德可以通过细节养成。有效开展青少年德育工作，应从细微处入手，从最简单的事情抓起，让学生从一点一滴的小事中体会到做人的基本道理，在潜移默化中养成终身受益的良好习惯。这是促进学生健康成长最有效的方式。

2. 把德育工作贯穿于教育活动的全过程

搞好青少年思想道德教育，应树立长期作战的观念，深入持久地开展各种健康向上的校园活动。当前，在青少年德育工作中还存在重结果轻过程、重形式轻内容的现象，这是与青少年发展规律相违背的。学生的健康发展是一个长期的过程，不可能毕其功于一役。这就要求德育工作不能搞突击，而应做到潜移默化、集腋成裘。应充分重视德育活动的过程，不断创新方式方法，使德育工作富有吸引力，更加适应、更加符合学生的成长规律，从而进一步提高德育活动的实效。对于教育工作者而言，首先应转变观念，摒弃急功近利的做法，真正关爱学生，把教育的着力点放在学生的全面发展上，把德育工作贯穿于教育活动的全过程，以理服人，以情感人，让学生在充分享受丰富校园活动的同时实现全面发展。

3. 强化学生的道德体验

青少年德育工作的一个目标，就是通过丰富多彩的活动，把健康、积极、向上的道德规范，逐渐转化为学生的内心自觉和行为方式。学生是青少年德育工作的对象，也是青少年德育活动的主体。要实现预定的德育目标，就必须避免空洞的说教，从学生的思想实际出发，尊重学生的主体地位，充分发挥学生在德育实践中的能动作用。教育工作者应认真研究学生的心理特征，充分发掘学生自身的闪光点，以学生乐于接受的方式开展各种德育活动，让学生在具体的实践活动中体验到道德规范的要求。实践表明，没有体验就没有内化，没有内化就没有发展，也就没有道德境界的提升。道德体验的方式是丰富多样的，比如，通过参观改革开放成就展，让学生体会改革开放的伟大意义，增强其民族自尊心、自信心；通过成人宣誓仪式，增强学生的公民意识；通过与贫困地区学生结对，培养学生的爱心等。在道德体验活动中，一方面应促使学生积极参与，让他们在亲身体验中获得感悟，在感悟中不断磨砺意志、陶冶情操、提升自我；另一方面，教师可以通过适当的引导，把多元的教育意图巧妙地融入其中。

刊发于《人民日报》2008年5月9日

原标题《抓好细节　注重过程　强化体验 发挥校园活动在青少年德育中的作用》

校本培训：衡水中学抓师德建设促发展

在学习实践活动中，河北省衡水中学提出了"塑师魂、正师风、强师能"的工作思路，把师德师风建设作为践行科学发展观的重要载体，着力提高广大教职工的荣誉感和使命感，激发了教职工爱岗敬业和教书育人的积极性与主动性，推进了学校的持续、科学、和谐发展。

为了找出师德建设中存在的主要问题，学校成立了专项工作调研组，通过召开家长座谈会、师生交流会、设立意见箱、征求意见函等途径，主动征求方方面面的意见和建议，形成了师德建设分析检查报告，并据此有针对性地开展活动，力求把科学发展观的要求落实到师德建设中。

学校要求广大党员密切联系群众，做到一名党员就是一颗火种，开展"转化一名后进生、上好一节示范课、带出一个好集体"等活动。同时，还制订了具体的实施方案，明确了方法步骤和详细要求，并把活动情况纳入"先进党支部"和"模范党员"评选之中，强化了针对性和实效性。同时，学校还开展"师德十条"阳光承诺活动，如禁止办班搞有偿家教、禁止接受家长集体宴请等。

随着学习实践活动的不断深入，学校教师职业道德水平不断提升，爱岗敬业、爱生如子、爱校如家蔚然成风。在今年的全市行风民主评议活动中，衡水中学名列全市第一。

刊发于《中国教育报》2009 年 11 月 21 日第 4 版
原标题《衡水中学抓师德建设促发展》

道德修养：给青年教师党员的五点建议

教师队伍中的青年党员是教育事业的未来和希望，也是学校改革创新的尖刀班和生力军。作为推动学校进步最富活力、最具创造性的群体，青年教师党员的发展于学生、于学校、于教育、于中华民族的未来意义深远。历史证明，青年兴则校兴，青年强则国强。那么，青年教师党员应如何提高自身的党性修养和师德水平呢？从衡水中学的青年党员队伍来看，我认为，关键是要让青年教师党员始终如一地坚持做好"五种人"。

一、做一名诚实守信的人

教师大计，师德为魂。青年教师党员所具有的坚定党性和崇高品格，是对学生最生动、最具体、最深远的教育。而诚实守信又是"为人之德"的基础核心，是中华民族和我党历来提倡和颂扬的传统美德。孔子曰："内不欺己，外不欺人。"鲁迅说："守信的人是最快乐的，诚实的人是最天真的。"陶行知也教导我们："千教万教教人求真，千学万学学做真人。"……自古以来，诚信就是世所公认的道德规范之一，就是为人处世的应有之义。2001年，中共中央印发了《公民道德建设实施纲要》，大力倡导20字的基本道德规范，其中也包含着"诚信"两个字。由此可见，诚信是每个公民做人的基本准则。而且，这对于身处成长期的青年教师党员来说尤其重要，青年教师党员必须像捍卫荣誉一样践行自己的承诺。唯有如此，才能赢得学生的欢迎、家长的赞扬和社会的认可。可以说，诚信是最基本的东西，也是最基础的东西。只有把基础打牢了、搞好了，社会主义教育大厦才能建立起来。举个例子来说，我校的一位女党员，由于业务精湛，口碑卓越，所以，一所省外学校三番五次打来电话，欲以50万的高额年薪聘请其加盟，但她却一次次婉言谢绝了。从她的身上，我读出了这位生活淡泊却精神富有的党员教师的信念——做一名诚信的教师，让诚信成为自己的身份证、信用卡。由此，她虽然失去了一些东西，但更为重要的是她收获了金钱买不到的东西——尊重。没有诚信，何来尊重？有的个别党员弃学生于不顾，无视学校工作协议，无视学生切身利益，无视学校是一个特殊行业，中途擅自调动工作，甚至做出盲目举动。这种只顾自己、不顾集体，只要个人、不要学生，只讲自由、不讲诚信的现象，严重背离了党员的责任和教师的职业道德，岂能担当为人师表之重任？可以说，诚信就像一面镜子，一旦打破，其人格就会出现裂痕。

二、做一名言传身教的人

陶行知强调："要学生守的规则，教职员躬亲共守。"身正为师，德高为范。没有教师的身体力行，仅仅依靠空洞的说教，其教育效果大打折扣。教师的任何言行，对于学生来讲，都是润物细无声，都起着潜移默化的作用，都起着传递信息、交流思想、沟通情感的作用。诸如在战争年代，指挥员在战前动员时，道理讲得并不多，但枪声一旦响起，指挥员便带头冲锋，一声"跟我上"，战士们就跟着冲上去了。现在，虽然思想教育的环境、对象都发生了许多新的变化，但教育者靠以身作则的人格力量增强教育效果的传统必须发扬。教育者只有以身作则，使受教育者感到你所讲的，也正是你所做的，才能激发学生的激情，打开其心扉，产生"我要学，我要做"的效果。但现实情况却不尽如人意，如学校要求学生着装要朴素大方，而有的青年党员却热衷于奇装异服；要求学生宿舍优美洁净、格调高雅，但有的青年党员公寓内却肮脏不堪、杂乱异常……还记得兄弟学校的一个校长对我说，学校组织学生开展"重走长征路"远足活动，活动中，所有学生牢记长征精神，没有一个人掉队，没有一个人偷懒上车，却有个别青年党员不时上车，甚至于在返程中一直坐车返校。为什么出现这样不同的情况？其主要原因，就是这些青年党员没有认识到以身作则的重要性，其人生观、价值观、苦乐观、责任观走上了歧途。

三、做一名善于学习的人

立身百行，以学为基。一个人能有多大的发展，能为社会做出多大贡献，很大程度上取决于这个人学习抓得紧不紧、知识基础打得牢不牢。诸如魏书生、任小艾、李镇西等，他们之所以能够脱颖而出，走上成功之路，很大程度上得益于在学习上下了苦功、下了硬功。当今时代，科技进步日新月异，教育需求日新月异，知识更新不断加快，学习从来没有像现在这样显得紧迫。因此，这也就要求广大青年党员，必须加强学习，进而拥有丰厚的理论修养、精深的专业知识和广博的业务知识，不断向优秀教师、特级教师迈进。在学习过程中，不仅要向书本学习、向网络学习、向社会学习，而且要向学生学习、向同行学习、向榜样学习；不仅要刻苦学习党的理论知识和专业知识技能，广泛吸收各国优秀文化成果，而且要认真学习如何生活，学习如何做事，学习如何做人。只要大家勤于学习，敏于求知，真正成为一名善于学习的人，不断催生新的教育智慧，不断提高教育艺术，就一定能成为走在教育发展前面的人，成长为科学发展观的模范践行者。

四、做一名精于反思的人

反思，就是以自己的学习、工作和生活过程为思考对象，对自身的言行、决策和由此产生的结果进行持续审视与分析的过程。它是提升青年党员人格素养、促进教师专业发展的重要途径。作为党内成员的青年教师，在反思过程中，不仅要不断发现亮点、总结经验、发扬光大、积累自信，更为重要的是要不断发扬党的优良传统，努力找出自身的不足，发现自身的缺陷，寻求新的增长点；不仅要反思自己的教学理念、教学方法、教学能力、教学态度，而且还要反思自己的党性党风、思想道德、为人处世，不断完善改进，形成个性风格，这样才能从一个教书匠成长为一名真正意义上的教师，从一个普通党员成长为真正的优秀党员。"在行动中反思，在反思中行动。"只有使反思真正成为一种学习习惯、工作习惯和生活习惯，青年党员才能不断地成长，不断地进步，不断地提升。工作实践中，很多人正是紧紧抓住了这一点，"在看似没有问题的地方发现问题，在看似合理的地方发现不合理，不断地挑战自我、开拓自我，以追求教学实践的最大合理性"，才能在较短的时间内，成长为深受学生欢迎的优秀教师。但也有个别青年党员，不能正视自己，不能正视学校创设的教学竞争机制，当考试成绩不理想时，他不是积极主动地去反思，去查找自身的缺陷和薄弱点，进而有目的地进行改进，而是通过投机取巧的方式猜题押宝，或是制造虚假成绩，更有的把责任全部推到学生身上，向学生大发雷霆，挖苦指责贬低学生，更有甚者还恐吓学生，这都是师德缺失的重要表现。实践证明，只要我们有一颗鲜活敏感的心灵，不断地追问与反思，认识就会不断地走向深刻，思想就会不断地走向成熟。

五、做一名有责任感的人

教师职业道德的核心有四个字，即"爱与责任"。爱是基础、是前提，责任是底线、是义务。没有爱就没有教育，没有责任就谈不上教育。人类心灵深处确实有着积极的种子，这是不用怀疑的，但如果要让这粒种子开花结果，我们必须小心、主动为它浇水施肥。这也就要求我们，要特别注重呵护和发掘自己心灵深处那些美好的东西，让那颗责任的种子，在心灵沃土上生根发芽、茁壮成长。如此，青年党员才能成为值得信赖的人、值得尊重的人，也才能体验到自我的价值和生命的意义，才会发觉生活中有那么多有意义的事等待自己去做。一个人没有了家庭责任感，这个家庭就不会幸福；一个人对工作没有了责任感，他的人生就注定不会取得应有的成就，即便再聪明，也没有用，因为这个世界已经证明，最有成就的人往往不是最聪明的人，而往往是那些有股傻劲的人。从教师的职业道德来讲，青年教师党员的责任感首先是要对自己负责，认真规划自己的教育人生。

很难想象,一个对自己都不负责的人,会对学生负责,会对家长负责,会对学校负责,会把自己的命运和国家的未来联系起来。其次,要对学生和学校负责,而对学生和学校最好的负责,就是尽快修炼发展自己,尽快成长为师德高尚、理念先进、技艺高超的教师,进而有能力去呵护每一个灵动的生命。这一切做好了,才能对社会、对国家负责,才能成长为社会主义核心价值体系的忠实执行者。

作为党员队伍中的一名年轻教师,只有拥有高尚师德,才能点燃高尚的火把,高尚的火把才可以照亮漆黑的夜空,那就是光明。

刊发于《河北教育管理》2010年第3期
原标题《给青年教师党员的五点建议》

· 衡中思考 ·

校规校纪：法治助推品牌建设
——河北衡水中学依法治校工作纪实

巍巍宝云塔，历经千年风雨沧桑，在新世纪的罡风中傲世挺立；

滔滔衡湖水，满载着生命的灵动，诉说着一座城市的精彩传奇。

在古塔和湖水的辉映下，衡水这块看似"贫瘠"的土地，却处处充盈着蓬勃的生机。内画之乡、年画之乡、教育之乡使其名噪神州，誉满全国。

教育是衡水的一个品牌，而衡水中学则是这个品牌的领跑者，堪称衡水闪光发亮的"城市名片"。这所拥有近60年辉煌历史的学校，以其深厚的文化底蕴、严谨的教风学风以及鲜明的办学特色，孕育了一代又一代学子，创造了享誉全国的"衡中现象"。

短短6年来，"全国依法治校先进学校"等30余项国家级殊荣花落衡中，600余名学子在国家、省、市各类赛事中摘金夺银，300余名学生考入清华大学和北京大学，9000余名学生考入全国重点大学，100%的衡中学子延长了受教育的年限……

数字是直白的，也是最有说服力的。一个个突破，一项项跨越，使衡水中学一次次成为全国的聚焦点，因此，30个省、市、自治区的16万余名教育界同行怀揣探秘者的好奇纷沓而至，亲身感受了这所创造了"教育神话"的学校。

"依法治校，是依法治国和依法行政在教育领域的具体体现与实践，它既彰显了和谐社会中普通高中办学管理上的法治精神和理念，又是现代普通高中突出办学特色、谋求更大发展、参与国际竞争的必经之路。"学校校长张文茂开门见

山地说道，"衡水中学之所以能持续发展，得益于依法治校战略的扎实推进，它对调动师生员工的积极性、对学校前进的推动作用是十分明显的，它所形成的独特的校园文化和人文精神，确保了学校各项工作沿着法治轨道健康发展。"

确立依法治校理念，夯实依法治校基础

进入21世纪后，面对日益发展的教育新形势，张文茂和班子成员清楚地认识到，要进一步提高办学质量和办学水平，必须走依法治校、民主办学之路，这是现代学校改革和发展的必然趋势与要求，也是现代学校自我生存、创新发展的重要保证。因此，学校将"依法治校、文化立校、科研兴校、名师强校、特色荣校"作为办学方针，并把依法治校理念作为核心内容，在实践中坚定不移地推行，贯穿到整个办学过程之中，并渗透到教育、教学、管理等各方面，力求落实到每个环节上，细化到每件小事上，拓展到每个角落中，努力实现办学的法治化、民主化、科学化。

学校的这一战略选择，首先表现在学校按照法律赋予的办学自主权，最大限度地实现自主管理的法治化。不仅成立了依法治校工作领导小组，而且还成立了法规处，强力推进依法治校工作，认认真真落实责任制，切实做到校长亲自抓，主管处室具体抓，各司其职，分工合作，责任到人，形成了一级抓一级的工作格局和层层抓落实的高效运行机制。

依法治校，民主管理，是一个学校发展的基石。

为大力推进依法治校，保证学校稳定健康发展，实现人文化管理，学校依据《教育法》《教师法》等相关法律法规，在反复研究、论证和广泛征求意见的基础上，制定了《河北衡水中学章程》，积极尝试以制度的形式，保障各项工作有计划、规范化地开展。

依据《章程》和相关法律法规，经过深入调研，广征意见，制定完善了规章

制度 300 余项，内容涉及教育、教学、人事、财务、后勤、学籍、师生权益、安全保卫等方方面面。全校上下人人有职责、岗岗有制度，构建了一个以人为本、各司其职、有章可循、令行禁止的良好局面。

学校还出台了《依法治校工作实施方案》，并把其纳入学校工作计划之中，确保依法治校工作与学校各项工作同步实施。每周五 19 点 10 分，学校定期召开党政联席会进行民主决策，雷打不动、从不间断，完善了校长决策程序，健全了校内管理体制，努力推进学校自主管理方式向着法治化转型。

此外，学校从 1999 年开始，还先后聘请了五位律师为学校的常年法律顾问，既为学校提供必要的法律帮助，也为学校所制定的各项规章制度进行设计把关，切实使学校治校行为在国家法律规定的框架内，切实保障广大教师和学生的合法权益与根本利益，夯实了学校依法治校工作的基础。

切实做到以人为本，规范各项管理制度

在依法治校的基础上，衡水中学提出了"以人为本、科学管理、求真务实、质量第一"的办学指导思想，全面贯彻党的教育方针，自觉遵守国家法律法规，全面规范各项管理，大力实施素质教育，力求实现创建人文化、品牌化、国际化特色学校的目标。

为此，学校按照国家规定开全课程、开足课时，扎扎实实进行课程改革，积极探索研究新课标，全面推进四大核心任务，认真践行教学方法，全面贯彻教学要求，尝试师生位置互换，凸显学生主体地位，让学生学会沟通，学会质疑，学会学习，向有效课堂要效益，向教学常规要质量，向三年一盘棋要发展，激活了学生的学习激情，激发了学生的创新欲望，促进了广大学生的全面健康发展。

四大核心任务

观念的转变

制度的重建

备考的研究

课程的开发

教学方法

自主

合作

探究

教学要求

创新

激趣

时效

《中华人民共和国未成年人保护法》规定，学校应当尊重未成年学生受教育的权利，关心、爱护学生，对品行有缺点、学习有困难的学生，应当耐心教育、帮助，不得歧视……为此，学校专门下发了红头文件，将教师的师德师风考核与晋级晋职考核相结合，要求教师保障学生参加教育教学计划安排的各项活动，不能无故勒令学生中途停学、退学或开除学生，不能讽刺挖苦、体罚和变相体罚学生，对有令不行者一律按教学事故处理，不能参加首席、星级教师评选，首席、星级班主任评选等。

为了让教师把依法执教落到实处，学校还通过发放家长征求意见表和学生评教问卷，组织"二会一日"，设立"三箱一线"，全方位、多渠道地征求家长和学生的意见，接受学生的申诉和家长的投诉，维护了良好的教育教学秩序。多年来，学校没有出现一起学生投诉事件。

二会一日

家长座谈会

学生座谈会

家长校访日

三箱一线

网络留言箱

校长电子邮箱

意见反馈箱

依法治校既不是治教师，也不是治学生，而是在约束学校公共权力的基础上，最大限度地保障师生员工的合法权益。因此，学校建立了完善的学生权益保障制度，尤其是对于家庭贫困的学生，更是努力做到不让一个学生因家庭经济困难而失学。由此，学校先后设置了30余种奖、助学金，如东风化工奖学金、共同行动帮扶金、古贝春助学金等，每年发放160余万元善款，惠及2000余名家庭贫困学生，善款之多、力度之大、受众之广，是不多见的，保证了每一个学生都有平等受教育的机会。

张文茂常常告诫老师们："依法治校，安全先行；安全不保，谈何教育。"为此，师生安全问题就成了学校每周党政联席会的常规会议内容，每次都要针对相关问题进行专题研究和部署，确保了学校安全地运行和发展。

学校始终坚持利用各种会议、校园广播、校报橱窗、OA办公系统、电子显示屏等，全方位、多角度地向师生介绍安全常识和安全法规，进行安全教育，防止因人为因素而引发安全事故。

为了保障学生的人身安全，学校相关处室经常进行摔伤自救、踩踏自救、火灾自救以及各种灾害安全疏散演练，使师生掌握规避风险的知识，提高师生安全自救的能力。同时，主管处室每周都要对安全防范重点部位进行拉网式排查，各处室每天都要对所辖范围进行安全自查，确保全面消除各种安全隐患，给师生创造一个安全的学习工作环境。

学校还投资建立健全了网络监控系统，在各个重要位置安装了监控设施，并实行24小时安全值班制度，力求无缝对接，不留任何空白点，长年聘请民警驻校，维护学校治安，积极会同综治、公安、文化、工商、信息等部门，净化校园周边环境，多年来学校安全事故为零，有效维护了学生的合法权益。

为了营造一个和谐的环境，学校高度重视教师权益保障工作，按照《劳动法》等法律法规的要求，遵循平等自愿、协商一致的原则，和全体教职工签订了劳动合同，保证了劳动关系的和谐稳定，也保证了教职工利益不受任何侵犯。同时，学校还按照相关规定，给教职工上齐了失业保险、工伤保险、生育保险等"五险一金"，给所有临时工上齐了医疗保险、工伤保险、养老保险等社会保险，维护了教职员工的合法权益。

《教师法》规定，学校应当制订教师培训规划，对教师进行多种形式的思想政治、业务培训。

"培训是最大的福利。"张文茂说。于是，学校里天天有课堂，周周有讲座，月月有专家，老师们坐下来读，走出去学，静下来思，沉下身研，健脑、借脑、富脑，照镜子、换脑子、上梯子，有效提升了各类队伍的专业水平。

目前，学校教师已先后到全国200余所学校考察学习，魏书生、李希贵等100余位专家学者先后到学校讲学，200余位教师正在参加研究生班学习或是已拿到研究生同等学历证书，130余位教师先后到英、美、日、韩考察培训，200余位教师走向全国讲公开课或做学术报告，保证了教师从事教育教学活动、进行教学研究、接受进修培训等的基本权利。

这几年，衡水中学还打破论资排辈、平均主义思想，建立健全了一整套激励机制、竞争机制、评价机制等，让能者上得去，庸者下得来，开辟了一条维护教师合法权益的绿色通道。

比如，某位教师能否由高一跟上高二、或由高二跟上高三，学校有一套完善的考核办法，让青年教师产生紧迫感、危机感。

本学期，学校按照"自主申请、双向选择、公开竞争、择优聘任"的原则，启动了校内首席教师、星级教师评聘工作，因事设岗，因岗择人，以岗定薪，岗变薪变，形成了一种激励机制，打造了新的增长点，为不同层面的教师搭建了平台，调动了全体教师的工作主动性和积极性。

学校还不断改善老师们的工作环境，注重教师生活品位的提升。如网络、地热、天然气进家庭工程、青年教师集体婚礼、爱心车票、元旦宴会等，让教师感受到了学校的关爱。教师家中不管大事小情，班子成员有病必探、有事必帮、有难必助，给了教师家一般的感觉，增强了教师的归属感和自豪感，激发了教师敬业奉献的责任感，形成了一种健康向上、和谐共荣的生态环境。

与此同时，学校很注重反思和创新常规管理，常抓不懈，常抓常新，突出公平公正，狠抓管理过程，以满足被管理者的精神需求，努力激发被管理者的活力，让所有人都感到自己重要，让所有人的激情都能绽放，让所有人的梦想都能开花。

这样，极大激发了广大教职工干事创业的热情。教师们纷纷把工作标准调整到最高，把精神状态调整到最佳，把自我要求调整到最严，不讲客观条件，只讲主观努力，乘势而上，对标创优，晋级夺旗，用实际行动树立了模范性，用卓越业绩诠释了先进性，"认真做事、不找借口、遵守规则、质量第一"成了校园里一道亮丽的职业文化景观。

张文茂称：以人为本，依法治校，就是要把教职工解放出来，让他们工作有动力，干事有舞台，利益有保障，生活有质量，发展有空间，前进有目标，主动地实践，自觉地追寻自己的教育理想。

深入推进民主管理，提高依法治校水平

《教育法》规定：学校应"通过以教师为主体的教职工代表大会等组织形式，保障教职工参与民主管理和监督"。衡水中学历来重视学校的民主制度建设，充分发挥教代会和工会的作用，在努力维护广大教职工的根本利益和合法权益的同时，团结、动员和引导广大教职员工积极、主动地投身学校的改革与建设。

为切实推进学校的民主管理，凡是关系学校发展和师生切身利益的大事，学校都要广泛征求方方面面的意见和建议，并由教代会审议后民主决策。目前，学校已召开九届教代会。在九届二次教代会上，教工代表提出议案、建议、意见80余条，涉及学校发展、外部宣传、国际交流等各方面，学校至今已落实合理化建议68条，充分发挥了教职工参与和监督学校工作的重要作用。

为推进学校的民主化进程，让方方面面的力量参与学校管理，学校还成立了校务咨询委员会，由德高望重的老教师组成，对学校的发展和各项工作予以监督、参与管理、提出建议；成立了年级部事务咨询委员会，对各年级的教育教学和管理进行监督与指导；成立了学生家长委员会，其成员有权参与学校办学，进行听课、评价教师等活动。

在制定《关于学生违纪行为处理的试行办法》时，学校在严格贯彻落实《未成年人保护法》的基础上，还分别召开了家长、学生干部座谈会，广泛听取和征求了家长与学生的意见，并进行了修改完善，最后，经法规处及法律顾问审定后公布实施，由此，这一制度更加科学、合理和合法。

学校先后聘请了30余位各界人士，设立了特约监督员、财务监督员，定期召开座谈会，定期联系、沟通和交流，向其公开学校相关事项，听取他们对学校发展的意见和建议。

实施学生调研员、义务监督员制度，每周进行一次反馈，确保了不同层面的学生能够提出合理化意见和建议。每周，学校都能收集到学生调研员反馈的信息200余条。同时，学校成立了学生自主管理志愿者队伍，具体负责全校广大学生日常的自主管理、自主服务和自我教育，效果良好。

此外，学校通过设立校长接待日、对外开放日以及"二会一日""三箱一线"等途径，一方面接受家长、师生的监督，一方面收集他们对学校工作的意见，对于这些反馈信息，整理后，提交党政联席会研究解决。

衡水中学每年都要组织至少八次全国大型现场观摩会、大型集中接待活动等。学校充分利用这一平台，认真征求全国各地每一名教育工作者对学校发展的意见和建议，极大促进了学校的和谐发展。

学校有效、畅通的民主信息反馈渠道业已形成，并成为广大师生、家长及社会各界参与学校管理的重要桥梁和纽带。

为了完善投诉机制，规范民主监督机制，加强对各项规章制度落实情况的监督，学校成立了两个行政处室——监察室和督察处。

监察室依其职能对党员及领导干部进行全面监督，重点是对党员干部的廉政、勤政等方面进行监督。如基建工程、大宗采购等，均要在其全程参与下，按照规定的程序公开招投标，并在社会监督员及广大师生监督下公开操作。

督察处则直接调查违法执教、不履行或不正确履行职责、效率低下、有章不遵、有令不禁的违规违纪事件。

对于督察结果，两个处室都要在党政联席会上作为常规工作进行汇报，及时进行自查自纠和整改。这样一个做法，在全国各地的高中里也许尚属首创。

学校还推行了中层领导干部公开承诺制度。每学期伊始，所有中层干部都要结合工作，向全校教职工承诺学期内为教职工要办结的实事和好事，学期末再由全体教职工以投票方式对各职能部门的工作进行一次考核评比。

"阳光招生""阳光收费""阳光投诉"等，学校置于广大市民的监督之下。得益于此，多年来，在衡水市行风评议工作中，学校一直以绝对优势名列全市榜首，并连年被评为"衡水市民主评议先进单位"。

制度化的校务公开也为教职工参与并监督学校管理开辟了多条途径。例如，利用校务公开专栏、校园网OA在线、《衡中快讯》《教育通讯》《教学简报》《教科信息》、电子显示屏以及质询会、座谈会等多种形式推进校务公开，使广大教职工对学校各方面的政策办法和重大举措，像教学改革、财务收支、大型购置、晋职晋级、业务考核、招生招聘、评优选模、职称评定、困难生补助等，都能及时了解掌握、参与评议，切实做到了政策公开、过程公开、结果公开。

如学校的新教师招聘过程，首先，要在学校网站公开招聘计划及条件，然后根据各学科需求人数，按照简历进行初步筛选，随后经过笔试、面试、一轮试讲、二轮试讲、谈话面试等过程，公开择优录用。特别是在试讲过程中，学校领导、学科主任、学科骨干教师都要参与，试讲结束后马上投票排名确定拟聘人选，增强了透明度和公开度，避免了暗箱操作等现象。

再如师生的校内就餐，也是全部进行公开。膳食处对所用原材料品种、成本价格、出售价格每天公开一次，并对成本核算每周公开一次，切实做到了过程公开和结果公开，让广大师生"吃"得心中有数。

这一切，增加了各项工作的透明度，促进了学校民主管理，激发了全体教职工的工作积极性。

深入开展法制教育，提高师生法律素质

加强法律宣传教育，提高师生的法律素质，是依法治校最经常的工作，也是最重要的工作。学校对此"两手抓，两手硬"，一手瞄准教师法律素质提高，认真抓好法律学习活动；一手瞄准学生法律知识普及，抓好法制教育宣传。

学校领导干部带头学法，狠抓集中学习"不放松"。充分利用每周一次的党政联席会，于会前进行集中学习，或学习《教育法》《教师法》，或学习反腐倡廉文件，或组织政治理论学习，雷打不动，以学习强化领导干部的事业心、赶考心和进取心，使其常修做人之道、常鸣反思之钟、常刮头脑风暴、常思贪欲之害。

在广大教职工队伍建设方面，学校自2005年开始，组织开展了"书香校园"活动，如《未成年人保护法》《预防未成年人犯罪法》等书目，都以学、讲、考相结合的方式，督促组织教师进行了认真学习。学校还经常组织教职工观看法律知识讲座，组织全体教师认真学习有关教育法律法规。

学校要求教职工每天进行一次"三省十问"，以此警醒教职工从思想深处珍惜来之不易的工作和生活，不断增强自身的职业责任感和使命感。

三省

每天认真反思——

我到衡中来做什么？

我今天做得怎么样？

我要做什么样的人？

十问

每天反问自己——

学习法律知识了没有

遵守学校规定了没有

自觉抵制歪风了没有

尊重学生人格了没有

激励表扬学生了没有

学生上课到齐了没有

向同学同事互致问候了没有

做到高效工作了没有

……

随着教职工法律素质的提高，师德素质大大提高，教师们认清了自己应尽的义务和责任，明白了自己在学生心目中的地位和影响，都能自觉做到严格要求自己，八小时内勤勤恳恳，八小时外任劳任怨，坚持依法执教，注重为人师表，人人争当首席教师、星级教师，关爱生命，呵护心灵，让每个学生都能感受关爱，有效地提高了教育服务意识和服务质量。

《预防未成年人犯罪法》要求：要把"法制教育的内容纳入学校教育教学计划，结合常见多发的未成年人犯罪，对不同年龄的未成年人进行有针对性的预防犯罪教育"。为此，学校坚持多渠道、多形式对学生进行法制宣传教育。学校开设了法制教育课，做到了计划、课时、教材、师资"四落实"，保证了基本法律常识在学生中的普及。

各处室经常组织开展各种法制宣传教育活动，如组织法制教育宣传周、召开法制教育大会、举办模拟法庭、聘请校外法制辅导员，通过校报、展牌、橱窗、校园广播和网络宣传法律知识等，开展多种形式的法制宣传教育活动，增强学生守法意识。

学校还坚持把法制教育和拒绝社会不良风气结合起来，让学生观看普法教育专题片和法制学习专题片等，倡导学生自觉远离"三室二厅一吧"，拒绝公车接送，使学生在潜移默化中受到法制教育，取得了较好的效果。

"我们将继续秉承学校的优良传统，全面贯彻实施依法治校方略，坚定不移地走内涵发展之路，把法律规范内化为师生的素质，激活多元发展动力，点燃生命成长激情，唤醒文化共建精神，让教师更有尊严，让学生更加快乐，让活力竞相迸发，努力创建人文化、品牌化、国际化特色学校。"张文茂校长如是说。

刊发于《河北法制报》2010年10月
原标题《法治助推品牌建设——河北衡水中学依法治校工作纪实》

附：领导班子

丰富的单纯
──记衡水中学校长、全国劳动模范张文茂

丰富与单纯，看似互相矛盾，实则合而为一。丰富的知识与阅历，往往更能造就单纯而坚定的内心；单纯而洁净的内心，固守自己的心境，却可以包含丰富的情感与思想。慧能有言："仁者心动。"这是一种恬淡的灵性。

我们每个人究其一生，无不是在教育中成长，获得知识与经验。从"学不可以已"的古人训诫，到"百年大计，教育为本"的当世纲纪；从"学而优则仕"的传统观念，到"活到老，学到老"的与时俱进，接受教育和自我教育，已成为社会有机体得以延续的重要保障。大至国家社会，小至家庭个人，古今中外，概莫能外。

"十年树木，百年树人"，健全和独立人格的形成，绝非朝夕之间的易事。高中阶段的青少年正值人生观、价值观逐渐确立的重要时期，而同时又承载着较重的学习压力和升学负担，这一时期的教育工作，在整个基础教育乃至整体国民教育活动中都显得格外重要。

基于对素质教育的认识逐步达成的共识，广大一线的教育工作者不断实践着自己的教育理想。张文茂作为其中的重要一员，带领着衡水中学的师生努力创造与坚守着自己的梦想，不断摸索并解读着现代学校管理和高中教育改革的新方向。

"做事先做人，师以德为本，人以德取胜。"

"做事先做人，师以德为本，人以德取胜。这虽是老生常谈，却是我从教

28年最深刻的感悟。"张文茂十分诚恳地谈到他的世界观、人生观、价值观，"这不是唱高调，而是个非常现实的问题。因为，德之力是众人之力，是向心力、凝聚力、竞争力。合力所指，所向无敌。"

有人说：金杯、银杯，不如学生的口碑。

他的学生马会民回忆说："那时候，张老师上课从来不看教材，甚至有时候根本不拿教材，但整堂课却如行云流水，重点突出，妙趣横生，其他班的同学都说物理难，但我们却不知道难在何处，那种感觉，简直就是一种享受。"

精彩的课堂，无不透射出为师者谦虚谨慎、爱岗敬业的高尚德行。

在张文茂办公室里，整齐地码放着一摞贺卡，足有两尺多高。其中，很多是学生寄来的。

"张老师，永远忘不了您的关怀和关爱，永远忘不了您的信任和尊重，衷心祝愿恩师——身体健康，新年快乐！"

"张老师，高中三年，受用终身。您那一句话，我会永远铭记，谢谢您！"

师者，为师，亦为范。学高为师，德高为范。一个诲人不倦、关爱学生的良师形象跃然入目。

一辈子钟情于教育事业的张文茂说："做老师的就如同一棵果树，要一年年收获累累硕果，身心和精神都要健康。只有如此，才能根深叶茂，枝粗果硕。这就要求我们，知识要广博，人格要有魅力。"

张文茂走上领导岗位18年了，但他始终坚持着每日进课堂，而且还经常参加教研活动。他告诉来访者，作为一名校长，就要务实苦干，不能脱离师生，这是个作风问题，也是个基本功。一个人事业的成败，最终起决定作用的是毅力。

"我的服务对象主要是师生，只有深入一线，深入课堂，才能发现问题，激发灵感。这些年，只要有学生在校，我都坚持听课。"

他经常告诫班子成员："听课、教研是一项常规工作，任何人不能有半点儿

疏忽和懈怠。否则,就不能掌握第一手资料,就不了解各项措施的落实情况,当然,也就更谈不上创新了。"

从农村走出来的张文茂,始终对国家有着深厚的感情。"国家这些年的变化太大了,可称得上天翻地覆。我们的校长、老师,如果对国家、民族和人民没有感情,很难成就一番大事业。有了感情,才能主动想工作、找工作、干工作,才能每天多付出一点点,每天多奉献一点点,每天多改变一点点,心里每天才舒服一点点。"

在旁人看来,张文茂创造了辉煌的业绩,可谓是功成名就,但他依然过着平凡的生活。有一次,他到北京开会,联络人为他预定的宾馆超出了学校的标准,他不顾天色已晚,坚持调换:"当老师的,不能贪图享受,不能急功近利、追名逐利,必须淡泊名利,踏实做人。做人要知足,做事要知不足,做学问要不知足。"

他常对中层干部说:"要把学校建成一个精神特区,我们当领导的首先要率先垂范,始终保持一种强烈的事业心、赶考心、进取心、平常心、荣誉心,常修做人之道,常鸣反思之钟,常刮头脑风暴,常存童心童趣,常思贪欲之害,这是为人之道。""要低头做事,抬头做人,经常保持一颗童心。童心是生命本真的体现,是永不满足的体现,也是创新追求的体现。有了童心,个人利益就会看得很淡,干事就会干净、干脆、利索。"

在他的倡议下,衡水中学组织开展了很多主题活动,引领教师的成长,让他们追求绿色境界。

主题活动

"践行科学发展观,做人民满意的教师"活动

"微笑在衡中"活动

"学习央视主持人"活动

……

"要有告别昨天的勇气，政治上不落后，生活上不丢丑，经济上不伸手，把小事真做好，把细节真做实，把过程真做细，把'人'字真写大，看别人看不到的问题，抓别人抓不住的关键，想别人想不到的办法，做别人做不到的事情，创别人创不出的业绩。"张文茂说。

张文茂和老师们每天都要进行一次"三省十问"，由此，引发了教师对自己未来发展的思考，增强了社会责任感和历史使命感。

张文茂对老师讲："衡中是一个育人圣地，这里的每一个人，思想境界要特别高尚，精神风貌要特别振奋，行为习惯要特别高洁，必须杜绝办事拖拉、疏于交流、回避不足的坏习惯，养成言行一致、微笑待人、谈吐文雅、落落大方的好习惯。"

学校的老师有个行为底线，那就是"严禁接受家长集体宴请、严禁接受学生财物礼品、严禁办班搞有偿家教"等，让老师们远离平庸粗俗，远离腐败铜臭，远离低级趣味，远离不正之风。

这条"红线"，任何人不能突破，不能越雷池半步。反之，张文茂则会毫不留情，一律按学校规定处理。

"当老师的，就要耐得住寂寞，经得住平淡，抵得住诱惑，始终保持蓬勃朝气、昂扬锐气、浩然正气，这是教育人格的问题，必须放到首要位置。"张文茂说，"对于老师来说，人格就是生产力，就是教育力，就是影响力。"

"成绩是干出来的，不是看出来的。"

"让学校成为激情燃烧的乐园"，这是张文茂的又一个著名论断。"人要有股子干劲，有股子激情。激情所产生的强大'魔力'，是无法估量的。"张文茂

认真地说,"任何时候,任何事情,都是这样。成绩是干出来的,不是看出来的、等出来的!不干,半点儿马克思主义也没有。当然,这也是一个教育境界的问题。"

张文茂常说:"激情能解决想干敢干的问题,实干能解决干成干好的问题。激情与实干,相互渗透,都是一种状态,更是一种精神。"

教务处主任梁辉曾说:"张校长都五十多岁的人了,但干起工作的精神状态,就像一个拼命三郎,连我们这些年富力强的小伙子,都比不了。"梁辉算了一笔账,"张校长只要不出差,每天清晨5点30分,他会准时到操场跟操,晚上10点10分,再到学生宿舍转转,减去一日三餐的时间,每天工作达到十四五小时,而且无论春夏秋冬,一年四季,风雨无阻。""张校长的办公室里,经常放着方便面、八宝粥,很多晚餐,他就是靠这两样东西解决的。"

有人做了计算,他六年多的校长生涯,实际干了十多年的工作。

干给老师们看,带着老师们干,这是他的行动指南。

张文茂外出学习考察,其节奏快也是出了名的。梁辉说:"张校长到江苏启东学习听课,周日下午出发,周一、周二两天时间,考察周边四所学校,听课交流,实地察看,周二半夜赶回学校,周三又开始上班了。一千多里,相当紧张啊!"

张文茂笑了:"习惯了。虽然时间很短,却满载而归。我们的老师都是好样的,没有人有任何的抱怨,老师们都惦记着自己的学生。"

他就是这样一个用行动来说话的人,而又有什么能比行动更有说服力、更让人震撼呢。

语文教师孙爱虹说:"张校长有个特点,那就是非常严谨,任何工作都力求完美。"

张文茂在党政联席会上强调:"要把精品意识贯穿于每次会议、每个活动的全过程,以过程提素质,向过程要效益,精雕细刻,精益求精,如备课钻研要精深、教材把握要精确、教学过程要精彩、习题作业要精选、学生管理要精致、安全管理要精心、后勤管理要精细……开精品会、上精品课、出精品题、做精品事。"由此，学校很快刮起了一股"精品旋风"，出现了人人谈精品、干精品、出精品的可喜现象。

怎么出精品？很简单，一个字"干"。张文茂认为，干是基础。不付出、不奉献、不投入，哪来精品可言？只有态度端正地干、激情四射地干、突破常规地干，才能干出精品。

衡中有两句流行语，教师像一团燃烧的火，学生像一团火在燃烧。这是衡中人的生动写照。只要你到现场走一走，随时能体验到激情四射的氛围。只要你和师生聊一聊，随时能发现热情洋溢的存在。

特级教师褚艳春说，学校有个"试卷不过夜"的做法，就是每次大型考试过后，老师们会连夜把试卷及时阅完，甚至一直到凌晨。虽然学校并没有这样要求，但老师们都习惯了，非常自觉。这样，第二天的讲评就有了针对性，学生们也由此得到了及时反馈，效益自然提高了。

衡中的做法已经坚持了很多年，但据我了解，现在很多学校乃至高中仍然不是这样。

"激情是燃烧的梦想，是一笔宝贵的财富，更是一种不可遏制的力量。创造一种激情四射的实干文化，激活师生的潜能潜质，激发师生的青春活力，提升师生的生命价值，是我们矢志不渝的执着追求。"这些话写在展板上，也写在衡中人的心中。

衡中人以自己的激情和实干精神，为革命英雄主义、理想主义的现代价值做了最好的诠释。

2008年，我校的学科奥赛起步刚刚两三年。张文茂运筹帷幄，明确提出："要在三年内，跃居全省首位。"

只要有梦想，谁都了不起；只要有勇气，就会有奇迹。衡中人成功了！

奥赛教练员张华说："张校长嘱咐我们，实干是能力，干成是水平。实干，不能傻干；巧干，不能蛮干。要干出激情，干出智慧，干出规律，干出窍门，才能事半功倍。于是，我们一路高歌，奋力奔跑，终于跨越了这座高峰。太兴奋了！"

在张文茂看来，任何一个人，只有头脑清醒，尽心竭力地工作，不打折扣地干事，才能干出点儿业绩、干出点儿成就来。

他常说："制度+没有落实＝零，布置+没有检查＝零，开会+没有要求＝零，苦干+没有思路＝零，能力+没有超常付出＝零，我们不能靠失误提高能力，要一次性把工作干好干到位。"

他断言："疲沓懒散的教师是没有前途的教师，缺乏激情的学校是没有希望的学校。"

在张文茂潜移默化的引领下，校园里处处彰显着一种勃勃生机。

"工作一分钟，实干六十秒"，成了衡中人的一种工作常态；"一日不为，三日不安"，成了衡中人的一种习惯意识。这就是对激情工作的最好描述、最好注解。

老师如此，学生亦如此。

不管是令人荡气回肠的八十华里远足，还是让学生受益终身的18岁成人宣誓；不管是撼天动地的学生宣誓活动，还是每天清晨震耳欲聋的口号声，乃至于"霸气冲天，清华同班"的班训、"破釜沉舟志，直为斩楼兰"的舍训，无不孕含着充满激情的衡中文化。

"十佳班长"贺一丹说："在这样的校园里，不要说不学、不干了，哪怕热情少一点儿、节奏慢一点儿，都会被远远地甩在后面。""十大文明道德模范"郭晶同学说："老师们废寝忘食、埋头苦干，为我们做出了表率，激发了我们的学习欲望。我们不能不感恩，不能不回报老师们。既问过程，又问结果，让美梦成真，这就是衡中的学生比任何学校的学生都刻苦的原因。"

行胜于言。老师们潜移默化的影响，给了学生正向的价值引导，引领他们找回童真，远离宣泄，拒绝本不该属于他们的东西，如懒惰和怯懦、空谈和浮躁、麻木和困顿、功利和世故等。这既是教育之要义，也是为师者之责任。

如此，学生们纷纷"自讨苦吃"，想不让他干、想不让他学都不行。

衡中确实有很过硬的东西，那就是充满激情的实干精神。实干精神亦是衡中人宝贵的精神财富之一。

正如张文茂所言，没有真抓实干，任何进步都是无源之水。

"说一千道一万，充电富脑是关键。"

多年来，张文茂有一个重要体会：学习，是走向成功的第一捷径，是事业发展的坚固基石。不学习，发展、成功、辉煌、奇迹……都是无本之木。他告诫老师们："说一千道一万，充电富脑是关键。它不仅可以帮你走向成功，而且能够使你升华精神，使你成为一个伟大的人！"

参加工作之初，张文茂把身边的书都看遍了，但他觉得还不过瘾，就到处找人借书看，不怕麻烦人。后来，随着年龄越来越大，条件越来越好，买书读书，就成了他的习惯，并保持到现在。学习上，张校长也很严谨，有时候，为了一个字，或是一个词，他会和我们商榷半天，甚至自己抱着词典查找翻阅，直到弄清才罢休。张文茂笑着说："我的学习笔记有几十本，其中不乏对教育的思考和感悟，等退了休，我足可以出几本教育杂谈了。"他的妻子说："不管是星期天，还是节假日，甚至于春节，他都要去办公室，看会儿书，读会儿报。即使待在家里看电视，《今日说法》《商道》《百家讲坛》等节目，也是他最喜欢的。"张文茂坦言："生活上可以贫寒，但精神上不能贫瘠，思想上不能贫乏，灵魂上不能贫贱，特别是作为老师、作为校长更是如此。"

"前些日子，我跟张校长到北京开会，连续两天，四场专家报告，他场场不

落,而且每次都嘱咐我,一定要早点儿去,占个好位置,眼花了,看不清。那样子真像个孩子。"全国模范教师郗会所笑着说,"每场报告下来,三个多小时,张校长从没动过位置,边听边记,非常投入。而且对于持不同意见的论点,总要画上个问号,会后再和同桌议论一番。"

衡中人都知道,外出开会听报告占座位,是张文茂的一大特点;敢于提出与专家相左的意见,也是他多年养成的一种习惯。在他眼中,学习重于一切。

"人可以没有耀眼的荣誉,但不能没有理想和追求。人只有在学习中提高,靠学习来提速,才能无悔于人生。"张文茂如是说。

长期的学习,给了他一个深刻的启示:凡事只要认真学习,学以致用,就没有攻不下的难关。

于是,在他的倡议下,衡水中学开展了一项项"知识富脑"工程。如"学习提高年"活动、"创新提高年"活动、"素质提高年"活动,使学习活动日趋多元化、系统化、模块化、理论化。

在学校党政联席会纪要上,可以看到张文茂的几句话——

"要把学习作为一种生活常态,干什么就学什么,缺什么就补什么,每天多学一点儿,尽量学深一点儿,力求学宽一点儿,人人争做学以增智的模范;要把学习作为一种工作责任,结合实际系统学,针对盲点马上学,突出重点深入学,人人争做学以创业的模范;要把学习作为一种精神追求,以学习净化心灵,以学习陶冶情操,以学习演绎精彩,人人争做学以立德的模范。"

"领导干部要认认真真学习,老老实实做人,干干净净干事。不抓紧学习,知识就会老化,思想就会僵化,能力就会退化。不抓好学习,就难以完成肩负的历史责任,甚至难以在这个时代立足……"

"学习是修身处世的熔炉,学习是生存进取的根基,学习是有效工作的前提,学习是水平提高的尺度,学习是竞争的锋利之箭,学习是事业成功的法宝。不仅要加强政治学习、业务学习，而且要学习如何做事、如何做人。要善于向专家学，向同行学，向同事学，向学生学，向书本学，向其他处室学……"

"不同的部门，不同的人员，还要加强所涉及的法律法规的学习，如教育处人员要学习《未成年人保护法》等，财务处要学习财政方面的法律法规等，学法、懂法，用法律保护自己。"

其中，无不体现着一个教育家睿智的见解，无不蕴含着一个名校长的教育智慧。

"对于老师们来说，培训学习就是最大的福利。"这也是出自张文茂之口的经典名言。

于是，短短几年来，学校先后有200余名师生出国培训学习，"用三年左右的时间，让英语教师出国轮训一遍"，业已成为现实。顾明远、傅国亮、郭永福、魏书生、李希贵、李镇西、任小艾等100余位教育专家先后到校指导工作，并做专题报告。京、津、沪、晋、鲁、豫、黑、吉、辽、苏、浙、川等全国20余个省、市、自治区的200余所名校，留下了衡中教师3000余人次的足迹。在我校组织举办的三届全国高中班主任专业化发展论坛、九届全国高中教师专业化发展论坛、20余次全国大型集中开放接待日活动等现场观摩会上，学校教师中有800余人次或上公开课，或做学科经验介绍，或做办学经验主题报告，锻炼了队伍，凝聚了人心。

教师专业水平提升系列讲座、班主任素质大赛、"幸福与教育"三八妇女论坛、五四青年论坛等，展示了教师的风采，提升了教师的专业素质。

……

在实践中不断学习，在学习中反复实践，使全校教师的专业水平不断提高，不仅工作起来得心应手，而且还涌现出了一批名师。

目前，学校已有国家级殊荣获得者11人，特级教师9人，国家级骨干教师10人，省级骨干教师13人，省名师和优秀教师7人，省"三三三"人才工程二、

三层次人选 15 人，市学科牵头人 21 人，市骨干教师 12 人。

正如张文茂所言：读书学习，让浮躁的心"沉"了下去，让发展效益"浮"了上来。

而在这个重视和崇尚学习的氛围里，老师们丢掉的是捆绑在身上的枷锁，而获得的是无价的精神财富与强大的发展原动力。

"充满智慧的管理，比核聚变还有威力。"

"管理思想是否能够领先时代，决定着一所学校的发展前途和命运。"张文茂说，"我们不能像以前那样，摸着石头过河，必须提炼出符合时代要求、充满无限智慧的新理念，来引领学校的管理，才能让效益最大化。"

物理科班出身的张文茂戏言："充满智慧的管理，比核聚变还有威力。"

那什么是充满智慧的管理呢？

张文茂说："就是沟通、服务、激励和引领。"这一新理念的提出，源于他对现代学校管理的深刻思考和理性把握，闪耀着深邃的哲理光辉。

通过办学实践，他认识到，在管理之中，沟通是基础，服务是基石，激励是重点，引领是关键。只要这四点做到位了，管理就会有起色，就会达到"无为而治"的效果。

数学教师孙勇军说："张校长每天上班后，他所做的第一件事，就是到备课区、教室走走看看，和没有课的教师聊聊天，了解他们的想法，发现一些问题。晚上回家休息前，也总会到宿舍看看，和查寝的老师们交流交流。"

多少年来，他就这样坚持了下来，实现了自己的诺言："我办公室的大门，永远向老师们敞开着！"

他经常告诫班子成员："善疏则通，能导必安。我们不能把自己看成是管理者，要把自己看成一个沟通者，主动走到师生当中去，在与师生沟通上下功夫、花力气、做文章，这是一种素质、一种生产力，也是一条生命线。"

"抓管理靠什么？靠走动，靠沟通。如果我们能把有效沟通融入骨子里，能够及时与管理和服务对象多交流，就能够及时掌握各种信息进行规划，就能够及时发现和解决各种问题，就能够凝聚起全校上下的共识，管理目标自然会落到实处。"

张文茂和中层以上干部，还常年坚持开展"八个一"活动，对于具体落实情况，都要作为工作常规，每周在党政联席会上汇报。这样的"走动式"管理，有效创造了一种相互关注、相互分享、相互尊重的氛围，极大激发了师生自我发展的欲望，提高了学校的凝聚力、影响力、辐射力。

"我们为什么要经常走下去？因为不这样，就不能了解师生所思所想，就不知道师生需要什么、渴望什么，服务也就无从做起。"张文茂说。

人，是万物的尺度。所以，管理必须服务于人，服务于人的发展，这也是衡量一所学校特色品位的根本尺度。

在中层以上领导干部扩大会上的讲话中，有这样一段："试想，如果我们在座的每一位同志，心中有师生，真正爱师生，讲的是师生想的，干的是师生盼的，改的是师生怨的，全心全意为师生服务，那怎能不激发起全校师生向上的潜力、工作的欲望呢？"

于是，大到教职工的住房问题、青年教师的婚恋问题、教职工的健康问题，小到教师的孩子入托、天然气的输送、火车票的购买，他都挂在心上，都要叮嘱后勤人员尽力跑办。

一届届集体婚礼、一张张爱心车票、一项项健康保险、一个个生日祝福，都有专人负责，让教职工感受到了家的温暖，体验到了学校对生命的珍惜、对人性的善待、对价值的尊重。

在长期的工作中，张文茂把"人在教师中，教师在心中"作为职业准则。学

校的每一名教师,家庭关系如何、经济状况如何、精神状态如何、身体健康如何、工作情况如何、兴趣爱好如何、社会交往如何,甚至籍贯、特长、个性等,他都一清二楚。只要一闭上眼睛,衡水中学所有的教师资料就像放电影一样,全在头脑里。

"张校长是学物理的,他的思维非常缜密。我们的大事小情,衣食冷暖,他总能想到、照顾到。我们不用考虑奖金啊、职称啊之类的问题,只要把工作干好,他都会安排好。"青年教师孙静在信中告诉大学同学。

大学毕业没两年的王焕说:"去年,我跟张校长请假,因为身体不好要住院,他签完假条后,拿起电话就联系医生,而且千叮咛万嘱咐,让人非常感动!"

在这样一个和谐的环境中,教职工享受着教育工作的幸福。

实践证明,一个人倘若有了"幸福体验",便也有了多样的生活感悟,久而久之,就可在任何环境中,做出道德方面的正确抉择。

正如著名心理学家斯金纳的主张,要通过奖赏激励强化人的积极行为,以抑制或消退其不良行为。

张文茂说:"我们的管理,不能把师生推到教育的对立面,而要进行激励激发,这本身就蕴含着一种力量,一种克服消极因素的巨大力量。对于师生容易出现的问题,我们也必须早预防、早发现、早引导,确保消灭在萌芽状态,而不能等出了问题,再去批评、曝光……"

实践证明,简单而频繁地批评,只能让师生自觉不自觉地逆向行驶,压抑、苦闷、逆反,甚至走向极端。但是,师生如果能经常得到一种肯定,受到激励,就能产生美好的体验和无限的憧憬。

于是,他们开展了"微笑在衡中"活动。他们认为,微笑是一种语言,微笑是一种帮助,微笑更是一种鼓励、一种激发、一种对对方的承认和认可。

"当我们成绩不理想时,当我们工作上被动时,校领导不是训斥指责,而是鼓舞我们、鞭策我们、激励我们、指点我们，让我们感受到了温暖，看到了希望。"王焕笑着说，"我不仅得到了领导的激励，而且激励也成了我带班的法宝。定目标、树榜样、给奖励，滋润了学生心灵，激发了学生干劲。"

就是在这种长期的反复熏陶与激励下，才使向上、向善逐步内化为师生自身的道德素质。此外，他们还打破论资排辈的思想，建立健全了一整套竞争激励机制，并制定了《最受学生欢迎教师评选方案》《十大杰出青年教师评比方案》《首席、星级教师实施方案》等，调动了全体教师的创新积极性。

让管理滋润教师心灵，让精神激励教师成长。超前的管理意识，打破了沉寂的坚冰，一大批教师脱颖而出。而教师就是一所学校精神的象征。

张文茂说："不管是情感激励、榜样激励、目标激励，还是团队激励、物质激励、数据激励，不仅为师生展现健康和谐的自由灵性提供了一片天地，而且让他们的能力和人格在这个天地中得以提升。"

他要求中层领导干部，不仅要做行政工作的管理者，更应成为教育思想的引领者，要人人做"五者型"教师，让管理滋润师生心灵，让精神激励师生成长，让思想激活生命的力量。

"五者型"教师

制度落实者

忠实服务者

成长激励者

和谐维护者

精神引领者

梁辉说："张校长曾对我们说：学校管理不是简单的督促检查评价，更为重

要的是'引领',就是要用人格的力量感染人,用模范的行动影响人,用典型的力量引导人,让每个人都能够自觉地承担起教书育人这一神圣的历史责任,自觉地维护好学校这片不带任何功利色彩的净土本色。这是管理的最高境界。"

当然,引领所包含的内容很丰富,诸如教育精神、教育本质、为人处世、品德修养、规章制度、教学技能、教育艺术、管理方法、管理措施等,都需要领导干部去引领。

张文茂说:"领导干部还要注意在人文、人本、人情、人性、人权上发挥引领作用,而且要持之以恒、一以贯之地坚持下去。"

试想,当它们渗透到校园的每一个角落,渗透到每项工作的每一个环节,就会成为一种风气,就会形成一种带不走、赶不跑的特有的管理文化。

教育界有句行话:"一流学校"管理靠文化,"二流学校"管理靠制度,"三流学校"管理靠校长。衡中正因有了一流的管理文化,才使学校的持续科学发展成为一种必然。

张文茂倡言:文化,是一种软实力,也是一种竞争力,而且是更重要的竞争力。文化治校,无论是对教师,还是对学生,都能起到润物细无声的潜移默化作用,就是像大自然生息万物那样的"无为而治"。

"让学生享受幸福的教育,是教育发展的必然追求。"

"让教师享受教育的幸福,让学生享受幸福的教育,是教育发展的必然追求。"张文茂说,"幸福是教育的本真要求。有什么样的老师,就能教出什么样的学生。老师如果没有幸福感,品味不到教育的快乐,学生就享受不到幸福的教育。"

教师的幸福从哪里来?

张文茂断言:"学生的活泼、健康、全面发展,是教师劳动的根本指向,也是教师幸福的源泉所在。因为,教师从中可以获得一种创造感、尊重感与艺术感。"

那应该如何促进学生的全面和谐发展，让他们幸福地成长呢？

张文茂给出了具体答案："要寓爱于教，寓情于教，让学生得到情感的浸润、知识的引领、意志的砥砺、人格的完善，由此，才能体验到一种精神上的幸福。"

我校的教师誓词这样写道——

我是光荣的衡中教师，我要恪守追求卓越的校训，志存高远，务实求真，团结敬业，开拓创新；用爱心托起爱心，用智慧启迪智慧，用人格塑造人格；为学生的终生幸福，为衡中的跨越发展，为民族的伟大复兴，奉献终生！

是啊，学生们作为一个个鲜活的生命体，而教师作为同样的生命体，必须用一个智慧生命开启一批人的智慧生命，用一个心灵唤醒一批人的心灵，用一种热情去温暖许多生命的活动，这样，才能让学生体验到尊重、信任与关怀，让学生懂得什么是欣赏、合作与分享。

来自农村的尚恩垚同学说："初到衡中，成绩很差，我很自卑。有一次，和班主任交流，也不知为什么，我忽然向老师提出我要当宿舍长，结果就当上了，由于管理得井井有条，老师多次表扬我。这虽然是件小事，却改变了我一生。现在，我的成绩不仅名列榜首，而且还当上了副班长……"

张文茂认为："教师的理解、信任、宽容与尊重，是学生成功的基石，也为学生的幸福人生奠定了基础。"

"有一次，在课堂上，一个叫刘灏的同学，对我所讲的内容提出了质疑，我耐住性子跟他解释，但学生总也理解不了。后来，我以为学生故意刁难我，就不耐烦地指责了学生。"青年教师张蕊说，"但恰恰这时候，张校长在通过教学观摩系统听课，他看到了这一幕。事后，他找到我语重心长地说：学生有时候怀疑老师，甚至怀疑课本，这是很正常的，甚至可能是创新的先兆。因此，我们不仅要容忍他们，而且要鼓励他们，这样才能点燃他们思维的火花。"

张文茂说："事虽然不大，却是一个教育观念的问题，对于青年教师，就是

要多指导。如果老师们都这样,长此以往,就会造成学生心灵的麻木,泯灭学生的求知欲望。我们只有多欣赏学生,学生才会感动,才会欣赏老师,并由此建立起平等的师生关系,进而使教育成为师生共度生命的幸福历程。""当老师的核心品质,就是要热爱学生,尊重、宽容学生,为学生创设一个延展思维、深入思考的理性氛围,这是最重要的。"

这样一种理念的背后,没有丝毫的功利色彩,是对教育本质的一种追问。

课堂教学是教育的主阵地。教学过程实质上是一种"教"与"学"相互影响、相互构建的生命适应。

张文茂认为:"课堂教学既是智育的主阵地,也是德育、心育的主阵地","学会、教会是基础,会学、会教是关键,总结、反思是提高,求异、创新是目的"。

他要求教师:"把激情带入课堂、把才智带入课堂、把微笑带入课堂、把趣味带入课堂","允许学生出错、允许学生质疑、允许学生提出不同意见,杜绝心灵施暴","让'教'者乐教,让'学'者乐学"。

老师们在课堂上精讲、善诱、激趣、拓思,学生们成了课堂的主人,成了学习的主体,思维意识日趋活跃,学习兴致空前高涨,求知欲望异常强烈,学习成了一种美妙的精神漫游。就这样,在平等对话、沟通交流与和谐共享中,悄然完成了学习任务,而且培养了习惯、完善了人格,课堂成为探究知识、张扬个性、促进发展的幸福空间。

课堂给了学生自信,自信提升了学习效率,效率增加了幸福指数,有效成就了一批又一批学生,外人眼里不可思议的教育成就,就成了水到渠成的事情。

短短几年来,我校共为全国重点大学输送近万名优秀生源,其中清华北大300余人,中科大少年班10人。

"每天和学生一起学习、生活,一起成长,有痛苦,有快乐,感觉挺幸福。最快乐的是,一堂课下来,能让学生主动参与,快乐探究,达到一种师生共鸣,就是心有灵犀的感觉……"青年教师贾栓柱娓娓述说着自己的体会。

这不正是课堂教学的价值追求吗？共享知识、共享智慧、共享人生，三者和谐地交织在一起，丰富了生命的意义，提升了生命的价值，使师生的人生不断走向幸福，生命不断走向卓越和完满。

我想，衡中正因有了平等、尊重、理解、信任，有了激情如火的爱与被爱的温馨氛围，才使学生有了阳光般的人生态度，才使学生体验到了教育带给他们的内在尊严和欢乐，享受到了幸福的教育。

张文茂感慨地说："我和老师们十几年的坚守，有一个最大的收获，就是创造了个人幸福和利他幸福的统一。我相信，这些拥有幸福感和使命感的孩子，必将为国家的繁荣富强做出应有的贡献，享受更大的幸福。"

看来，只有把"幸福"推而广之，使其拥有使命感与民族意识之后，才能抵达幸福的理想境界。

是什么让张文茂为此这样执着呢？

答案就在他的自述中！在他的日记本上有这样一段话："欲枝叶茂者必深其根，欲水流之远者必浚其源。教育只有回归纯真和本质，才能找到素质教育的突破口和切入点，才能让学生的生命得到自由而全面的延伸。虽然这条路很漫长，只有起点，没有终点，但我愿意为此坚守，哪怕一生。因为，祖国在呼唤我们，民族在召唤我们，我们只有坚守春天绿芽的憧憬，才能有对爱之永恒、人之永恒的思考，才能把学校办成优质教育品牌。"

撰写于2011年底

他,引领一种"追求卓越"的价值
——张文茂校长治校观念

也算是一道风景——每年的高考前后,媒体总要借衡水中学做点儿文章,提出这样那样的质疑和责难。改革开放以来,一切都有了剧烈变化,唯有高考变得太慢了。全国各地不同生源的每一所高中,无论是培养拔尖人才,还是搞导学案课堂改革,或者是剑走偏锋,走艺体之路,其动机都是要把学生送入大学,素质教育被异化为高考教育,衡量高中学校的标准是高考成绩。在这样的时代背景下,究竟是衡水中学做错了,还是中国教育体制的原因?

衡水中学办学的转折点在1995年。2002年9月,《中国教育报》头版头条刊发了《河北衡水中学:素质教育更能提高升学率》一文,同时配发短评《下大力气转变教育观念》,并连续四天在四个整版以《一个教育函数式的解读》为题对其进行了报道,让衡水中学声名鹊起。

张文茂接任了校长。十年后的2013年,衡水中学有104名学生考入清华北大,77名学生考入港校和国外知名高校,141名艺术特长生考入中央音乐学院、中央美术学院、北京体育大学等高校,600分以上考生占了河北省全部考生的五分之一强。张文茂承接了"把学校建成精神特区"的办学策略,引领了"追求卓越"的精神文化价值。

追求,意味着甘愿额外付出。没有付出,谈不上追求,不是甘愿也无从追求,还需要超出正常的付出,这是一种主动和自我的人生态度。

教育就是培养人,培养人就是培养他对前途、对未来的希望。人是要有点儿精神的，"卓越"就是一种精神、一种理想。如果人们都没有理想，现实就不会改变，现状孕育未来，未来也是现状。在20世纪的百年中，我们有"五四"的理想，有过"新中国"的理想……在社会演化进程的今天，理想已经世俗化，已经被祛魅，不再望向天空，而是关心脚下。而张文茂和他的一帮"傻子"，还为追求理想和梦想而作为，正是"中华文化积淀着中华民族最深层的精神追求"（习近平语）的体现。任何个人都是无法背离社会现状的，张文茂以具有"半信仰、半功利"的文化价值来召唤、来整合、来唤醒师生对未来的确定预期。

一个健全的社会一定有一些人能够去追求，甚至不惜代价、不怕自我牺牲地去追求人之为人的理想。理想就意味着认真，就是需要一个公平正义的环境。衡水中学的管理是较真儿的，是严格的，但真真切切是人性的。要知道我们今天面对的教育对象是人类历史上绝无仅有的——在一个相对集中时间孕生的独生子女族群。他们从小在六个长辈的呵护下长大，人性中要这要那、永不满足的"贪"，总怪人家、不省自身的"嗔"，一天到晚，就是"我的"的"痴"，在他们身上、心里是那么顽强地存在着。学校还能作为第七个呵护者吗？充实紧张的学习节奏、中规中矩的生活要求、不失人性的制度约束都在戒除他们"贪、嗔、痴"的陋习。跑操、军训、远足、成人节、"星"评价、家长进课堂、院士进校园……几十项精品课程活动引领人格的完善。孟子说："天将降大任于斯人也，必先苦其心志，劳其筋骨，行拂乱其所为，动心忍性，增益其所不能。"

教与学，这是教育史上争辩了几百年的话题。主体与作用、因果与关联、目的与手段等，总在困扰着教育者的观念和行为。我们往往在以前一个弊端为改革的目的时，陷入以一个倾向代替另一个倾向的怪圈。比如讲素质，那么应试就成了万恶之源，那就什么考试都不能要了。考试、作业都是教学的手段，不是老师讲了，学生就懂了，就有能力了。学习必须是学生自己做，才会从做中感悟，感是经历，悟是学生"本我"到"自我"的心理过程。不否认衡水中学的作业量大，

给师生增添了一些担子，但科学家、经济家、外交家乃至名记者成功的路上哪一个"量"小呢？哪一个人轻轻松松就可以获得成功呢？问题不在于指责作业，作业是学习主体的自主化、学习内容的问题化、学习方式的实践化。问题在于要研究如何提高作业的针对性、及时性、过程性。张文茂引领成立学科中心教研室，规定作业的"三编一审"机制，设置"霸王餐"和"自助餐"式作业，立项课题《习题讲评课的模式研究》等，都是在努力实现由题海战术转型为素养战术，实现减轻过重负担、提高教学质量的教学战略大转移。

课堂是学校的产品，我们的专家好以总结教学模式为荣，似乎教育按照他们设计的模式就无往而不胜。我们又好跟风，照搬模式，邯郸学步，却很少有人去推敲细节，去衡量可否实行的条件，结果往往画虎成猫。张文茂始终坚信：教学究竟什么形式最好，要采取这样一种态度，就是哪种形式在哪个地方能比较容易、比较快地提高教学效果和效益，就采取哪种形式；教师适应哪种形式，就可以采取哪种形式。这种个性化教学恰恰促进了教师的个性化发展。衡水中学构建的是"生态课堂"，实现课堂的生本、生成与生长。

生态课堂

生本：指的是让课堂从学生的需求出发，落实学生自主学习权利。

生成：是让课堂成为师生思维碰撞、交流合作的学习。

生长：是让师生学科素养得到长足的提升。

在此基础上，他们经过自己的教学实践归纳出"三三三"教学法。

"三三三"教学法

一是细化教学"三目标"，发掘教学价值。

"认知"要当堂懂得,"记住"要明确用在哪儿、怎么用,"情感"重在培养学习的自信和毅力。

二是物化教学"三环节",深化教学过程。

"课前"要读课标、研教材、明学情,"课中"是创设情境,实现诱思教学,"课后"是以"霸王餐"和"自助餐"实现内容习题化、习题层次化、自习考试化。

三是内化教学"三境界",彰显主体地位。

"自立"是学会与文本对话,"交流"是学会与他人对话,"探索"是激励与未来对话的意识。

张文茂的良知是醒着的,他无力改变中国的教育,也无力抗拒那些毁"三观"的反传统、利己主义和成功学。他和他的一帮"傻子",以勤为径,以苦作舟,耕耘着一种生活方式、一种集体人格。让人格引领人格,让心灵感染心灵。"我到衡中来做什么、我今天做得怎样、我要做什么样的人",这"三审三问"会让张文茂自信地说:"我得到的东西,别人可能根本无法想象。"

刊发于《华夏教师》2013年第11期

原标题《他,引领一种"追求卓越"的价值——张文茂校长治校管见》

学校怎么管

这棵参天大树为何根深叶茂
——记衡水中学校长、全国劳动模范张文茂

"欲枝叶茂者必深其根,欲水流之远者必浚其源。"河北衡水中学校长张文茂,作为一名扎根教育沃土四十年的老教育工作者,从弱冠之年到年逾花甲,从民办教师到教育专家,他见证了中国教育的改革发展、辉煌成就,更缔造了衡水中学这个中国基础教育的传奇神话。一个好校长就是一所好学校。来到衡水中学三十多年来,张文茂经历了学校的低迷,见证了学校的崛起。教育,对于张文茂来说是他的信仰和生命,如今,他正坚定地引领着这所学校走向更加美好的未来……

"四个不动摇"彰显了他对教育的哲学思辨

张文茂说:"依托哲学思维探寻教育思想,重要的不是提供某种现成的、可以明显提高教学成绩的答案,而是唤醒学生的生命意识和探索精神,唤醒教师的生命自觉和价值追求,以此引领师生思考、提出一个又一个问题,推动办学思想、办学实践向前发展。"这种以哲学思维引导教育寻求本原、探索归宿的实践,充分发挥了哲学在塑造价值理念、提供科学方法论上的作用,这也更契合教育的初心。

几十年的一线教学经验,几十本的教育心得整理,张文茂厚积薄发,形成了自己独特的教育思想与管理智慧。他常说:"'治大国若烹小鲜',教育面对的是鲜活的生命,更是如此,有些事情急不得也慢不得,更折腾不得、动摇不得。"为了履行教育责任,实现教育梦想,2014年,张文茂提出了"四个不动摇",

即坚持务本求真、追求卓越的精神和理念不动摇，坚持课堂教学改革、转变教与学的方式不动摇，坚持引导学生自主学习、管理、发展不动摇，坚持常规为基、安全第一、质量至上不动摇。

在"四个不动摇"的引领下，学校发展、教师和学生的成长完全是按照其内在规律去运行，卓越也就成为其运行轨迹的必然选择。正如张文茂所说，升学率只是各种工作的副产品，是水到渠成、瓜熟蒂落的事情。

面对学校极高的升学率，很多人问张文茂这是不是他最自豪的事情了，张文茂却说："没有升学率会边缘化，只有升学率会庸俗化，升学率只是教育这个大课题中一个比较具象的指标，但绝不是高中教育的最终归宿，未来名校的竞争一定是艺体工作的竞争，而且面对成绩，我们只有高峰之上再造高峰，永不止息才是应有姿态和境界。"

2014年8月，衡水中学参与举办的衡水第一中学正式启用，张文茂却对衡水一中的管理提出了"新校不新"的原则，他要求校园的安全、文化、卫生以及学生的住宿、就餐等各方面都要考虑周密，加快建设速度。"新校不新"是张文茂逆向思维管理智慧的又一体现，在这一思想的引领下，衡水一中运转良好、发展迅速，完全没有出现新校管理的过渡期。

"校长是出思想的，副校长是出思路的，中层干部是出措施的，员工是出行动的，而思想能否领先时代，决定着一所学校的发展前途和命运。"这是他常挂在嘴边的一句话。张文茂懂教育、有思想，这对于一所有着光荣历史并期待更多创新与发展的示范校，尤为关键。

"让学生享受幸福的教育"浸透着他慈善家的情怀

习近平总书记指出，教育是一门"仁而爱人"的事业，爱是教育的灵魂，没有爱就没有教育。张文茂常挂在嘴边的一句话就是"先有父母心，再做教书人"，

他常常提醒老师们反思:"如果所教的学生是自己的孩子,那么我们会怎么对待他们呢?"张文茂对学生这种发自内心的爱与期望,源自他一生的教育梦想,源自他对教育爱之永恒、人之永恒的思考。

20世纪80年代,衡水中学只是一所县中,升学率排名垫底,老师、学生陷入累垮身体也难以取得显著成绩的恶性循环。本地的孩子宁愿选择背井离乡、移读他乡,这些张文茂看在眼里、急在心上,心情更是莫大的痛苦和内疚。1992年,张文茂走上了学校的管理岗位,他和当时的李金池校长统一了思想,下决心一定要扭转局面,他们大胆改革,卧薪尝胆。终于,1995年,衡水中学首次夺取了全市高考第一名,随后连续22年位居全市榜首;2000年,衡水中学勇夺河北省高考第一名,并创造了全省高考17连冠的教育奇迹。

"让学生享受幸福的教育"是教育发展的必然追求

为了让每个孩子都上得起学,张文茂多方联系,竭尽全力为学生解决实际困难和问题。为此,学校从2003年开始实施奖助学金制度,通过爱心帮扶、社会资助等多种途径,千方百计为学生办好事、做实事、解难题,让每一名学生都享受到了平等接受教育的机会。有一对兄弟,父母双亡,兄弟俩跟着祖父过日子,家境十分贫寒。张文茂得知后,破例收兄弟俩入学,并在奖学金上给予较大的支持。在张文茂的帮助下,两个孩子均考上了名牌。

2013年,习近平总书记提出了"精准扶贫"的重要思想,张文茂意识到,教育可以在精准扶贫上发挥更大作用,创造更大的价值与幸福。为此,他加快了合作办学、学校帮扶的步伐,不断放大衡中办学优势,发挥辐射带动作用,特别是当走进阜平、康保、尚义、崇礼等国家级贫困县时,他深刻理解了习近平总书记提出的"扶贫必扶智"这一重要论断的含义,认识到了教育是拔穷根,阻止贫困代际传递的重要途径。短短几年,张文茂的足迹遍布全国20余个省、市、自治区，或是加强校际交流合作，毫无保留共享办学经验，甚至实现远程同步备课、教学。另外，衡水中学还通过举办校园开放日、召开全国高中教师专业发展论坛、卓越校长峰会等全国性会议，目前，全国各地的很多高中，都有衡中的影子，并且取得了很好的效果。

"中国爱心校长""微善号全国优秀校长""衡水市十大道德楷模""衡水市消防宣传大使"……一项项荣誉见证了张文茂的公益之路、爱心之路，他感慨地说："我和老师们几十年的坚守，有一个最大的收获，就是创造了个人幸福和利他幸福的统一。我相信，这些拥有幸福感和使命感的孩子，必将为国家的繁荣富强做出应有的贡献，享受更大的幸福。"

"把学校办成一个'精神特区'"体现艺术家的指挥才能

提到衡水中学，人们往往惊讶于它极高的升学率，其实衡水中学的奥赛、艺体、科技创新、国际交流等各项工作都处于河北省甚至全国的领先地位。仅2016年暑假，衡中学子"南征北战，西进东伐"，参加各级各类赛事就多达700余人次，获得国际级奖项7项、国家级奖项280余项、省级奖项80余项，此外还有3000多学生参加了各种社会实践、各类社团活动以及夏令营等多达50余项。衡中之所以能够多元竞放、百花齐放，正是得益于文化的引领、环境的浸润，多元文化激发了多样人生，多样人生成就了多彩衡中。

走在衡中校园，处处可见传统文化、核心价值观的文化石、雕塑、标语等内容，这是学校文化建校、文化育人的重要举措，而看不见的精神文化更是深深烙印在每一位师生的内心思想，外化于每一位师生的言谈举止。"把学校建成一个精神特区"，张文茂和全体师生探索、实践了二十余年，正能量越聚越多，真善美愈积愈美，师生在不知不觉、似懂非懂中，建立起了正确的价值观和健康的生活方式。

"精神特区"不是一个封闭的系统,每个人带着属于自己的性格特点与人生方向在这片精神沃土上和而不同、和谐共生。张文茂说,校长应该是一个钢琴家,每一名师生都是钢琴上不可或缺的琴键,要发挥好每一个琴键的作用,才能弹奏出和谐的音符、美妙的乐章。衡中的和谐文化,不仅包含着一种价值的认同,更具有一种竞争的态度,并由此产生了内蕴力、凝聚力、创新力。

2014年,张文茂正式提出了责任教育,并明确了"办负责任的学校,当负责任的教师,做负责任的学生"的总要求。"责任教育是衡中最核心的竞争力,是衡中人一直以来都具备的精神境界和价值追求。"他说,"责任可以激发一个人的内生动力和成长欲望,这也是一个人生命发展的根本性、基础性的问题。"在责任的驱动下,教师们忠诚履责,自觉奉献,并把责任落实到每一个环节;学生们胸怀家国,好学乐学,并把责任作为成就人生的底色,学校也就自然进入了良性发展的轨道,能够为学生成才、教师幸福、国家富强做出贡献。

在厚德文化、和谐文化、责任文化的共生下,每个人回归本源,找到本真,实现了本色人生,形成了本色文化。"朴素而天下莫能与之争美。"张文茂常对师生说:"本色是做人之道,要常存童心童趣,童心是生命本真的体现,是永不满足的体现,也是创新追求的体现。有了本色,个人利益就会看得很淡,干事就会干净、干脆、利索。"衡中人的身上没有铜气、只有"土气",没有俗气、只有正气。

"不干,半点儿马克思主义也没有"书写了一个实干家的奉献华章

出生于20世纪50年代的张文茂,身上有着对国家深厚的价值认同与情感认同,更有着从农村走出来的纯朴务实与吃苦耐劳精神。张文茂常对教师们说:"如果对国家、民族和人民没有感情,很难成就一番大事业,有了感情才能主动想工作、找工作、干工作,每天多奉献一点点,每天多改变一点点,心理每天才舒服一点点。""成绩是干出来的,不是看出来的、等出来的!不干,半点儿马克思主义也没有。这也是一个教育境界的问题。"

张文茂走上领导岗位二十多年了,每天清晨5点40分,学生起床的铃声刚刚响起,他的身影已经出现在了操场上,晚上10点之后,无论天多晚、楼层多高,他都要去宿舍楼转一转、看一看,而且他始终坚持着每日进课堂,还经常参加教研活动。他说,作为一名校长,就要务实苦干,不能脱离师生,这是个作风问题,也是个基本功。

他以校为家,"两眼一睁,干到熄灯",在他的人生词典中从来就没有"节假日""星期天"和"业余生活"这些词,更不用说陪爱人逛逛商场、为孩子辅导一下功课了。长年无休止的超负荷工作,严重影响了他的身体健康,但他吃着药带病工作,硬是坚持了下来。有一次,他不顾几天的腿痛就带领老师们外出听课学习,三天后,回到学校他的腿疼得已经不能走路,在同事们的催促下,到医院检查后发现他患了静脉栓塞,不得不住院治疗,医生说,"如果医治再推迟,后果将不堪设想"。而张文茂却笑着说:"干革命就得有牺牲呀。"他把为党工作、为师生服务的有限时间,看得比健康、比生命更宝贵,而这一切无不展示了他特有的人格魅力和高尚情操。

干给老师们看,带着老师们干,这是他的行动指南。

张文茂说:"管理,就是要做好陪伴、表率和引领,有学生的地方就一定有老师,有老师的地方就一定有领导干部。"于是,衡中出现了考试结束老师们连夜阅完试卷、高考期间班主任凌晨起床为学生煮茶叶蛋等。这些并不是学校的管理要求,而是老师们自动自发的行为。老师们都说,张校长六十多岁的人了,干起工作来像个拼命三郎,我们这些年轻人有什么理由不去付出呢。

唯有热爱,才能坚持,唯有坚持,方能成就。作为目前连续在衡中工作的资格最老的教师,他对衡中的感情、对师生的感情,别人可能根本无法想象。一辈

子钟情于教育事业的张文茂一生为一大事而来——忠诚于党的教育事业,终生致力于打造一所富有独特个性的特色品牌学校。十年来,衡水中学先后荣获全国文明单位、全国先进基层党组织等60余项国家殊荣,特色育人经验以中央简报和国务院送阅件的形式两次送上中央领导案头。老师们先后有100余项教育教学科研成果获国家、省级奖励,300余位教师在省级以上教学大赛中获特等奖或一等奖,800余位教师赴全国各地讲学或做公开课……有4000余人次的学生在各级各类大赛上摘金夺银,有6人勇夺国际学科奥赛金银牌和亚洲金牌,有933人考入清华大学和北京大学……

"头顶一片天,脚踏一方土,风雨中你昂起头,冰雪压不住。"这是对大树的讴歌,也是张文茂人生的真实写照。这棵参天大树深深根植于大地和人民之中,保持着旺盛的活力和生机。

刊发于《教育家》2016年第9期

原标题《这棵大树为何根深叶茂——记全国劳动模范、衡水中学校长张文茂》

第二章
教师怎么教

　　平庸的教师是叙述，较好的教师是讲解，优秀的教师是示范，伟大的教师是启发。衡中也有题海战术，但不是让学生到海里去挣扎，而且老师到海里辛苦摸上新鲜的鱼让学生来品尝。

教育本质：尝试宽容教育　培育创新人才

培养高素质的创新人才，是知识经济时代实现创新的源泉和基础，也是学校教育改革面临的关键问题。为学生创造条件，使学生充分显露并发展自身的创造潜能，成为能够适应未来社会的可持续发展的人才，是学校教育的基本目标。实践证明，进行宽容教育，是实现这一目标的有效途径之一。

宽容，即豁达有气量。它是一种博大的胸怀，能包容人世间的喜怒哀乐；它也是一种人生的境界，能使人生跃上新的台阶。宽容教育中最核心的精神底蕴就是对学生的信任，对人和社会的博大爱心及对教育事业强烈的责任感。

一、尊重是实施宽容教育的认识前提，也是培育创新人才的前提

随着社会变革的加剧，中学生在观念形态、思维方式、行为特点等方面出现了前所未有的变化，其中较为突出的表现就是更加渴望得到"权威"的信任和尊重。因此，教师只有热爱和尊重学生，培养与学生相互信赖的感情，形成师生双方心灵上的共鸣，才能使学生在宽松的环境中成长，自由地伸展个性，从而达到我们预期的教育效果。"当教师必不可少的，甚至几乎是最主要的品质就是热爱儿童。"（赞可夫语）尊重学生个性，信任学生能力，为学生的健康成长鼓起希望的风帆。

李某是一名学习后进生，去年，我接任班主任后，他悄悄提出要担任宿舍长，我经过仔细观察发现，他虽然成绩不好，但口才比较出色，而且协调能力强，于是，我尊重他的意愿，推举他担任了102宿舍的舍长。有的同学私下对我说，任

用他，宿舍肯定搞不好，并提出了几条原因。但我坚持己见，并婉转地把自己和同学们的想法告诉了李某：老师尊重你的选择，同意你的选择，老师更相信你的选择。李某深受感动，从此他对工作精益求精，把宿舍管理得井井有条，而且学习上信心足、干劲大，成绩逐渐提高，最终考取了南开大学。这件事让我深深体会到：教师的尊重与信任是学生成功的基石，可以激发学生的创新意识，从而最终获得成功。

二、冷静是实施宽容教育的必要情绪特征，是防止扼杀创新人才的心理要诀

教师只有时刻保持冷静的头脑，遇事沉着，从容镇定，才能对班内的各种突发事件，进行正确的分析和判断，达到保护学生个性发展的目的。

学生在受到挫折后一般情绪变化较大，头脑发热，他们如果失去控制，就会莽撞行事，酿成恶果。曾经有一名同学因和同桌闹矛盾，产生了烦躁情绪，当天又和数学老师因为一个问题发生了争执，"盛怒"之下，他便出言不逊，肆意顶撞数学老师。我知道后，十分生气，但我耐住了性子，进行了冷处理。"事发"后的第二天，我把他喊到休息室，说："你一直表现很好，但人无完人，金无足赤，遇事后我们首先要审视自己的行为，是否反应过激。做了错事不怕，只要敢于面对现实，勇于改正错误，你仍是老师心中的好学生……"通过动之以情，晓之以理，陈述利弊，倾谈交心之后，学生放下思想包袱，向老师道了歉……现在他与数学老师的关系特别融洽。因此，要"坚信每位学生的心灵深处都有你的助手，你也是每位学生的助手"（魏书生语）。相信学生的反思能力，为师生双方都创设一个延展思维、深入思考的理性氛围，冷静地实施宽容的教育，不将学生一棍子打死，这样学生才能各尽其才，达到创新发展。

三、学生的主体性是实施宽容教育的心理依据，是构成学生创新人格的核心素质

英国心理学家、教育家托尼·布赞指出："人的大脑就像一个沉睡的巨人，

历史上所有的伟大发明,都是由它来完成的。人脑的巨大潜质从物质角度决定了人的独特性和主体性。创新人才的产生得益于对自身头脑潜质的发挥、对自身思维特点的了解和运用,这就需要进行系统科学的自我教育和主体思考,也就是教师必须重视培养和尊重学生的主体性。"试想,如果学生没有自主学习的时间,没有自己思考的空间,何来特长的发挥,何来思维的灵感,更何来创造与发明?唐智松在《提升主体性培养创新力》中指出:"对学生教育主体性的忽视,影响了学生主体意识的发展,进而影响了学生的创新力发展、民族科技发展的成绩。主体性是学生创造人格的核心素质,多给学生宽松的时间和空间,也就是给了学生创新的机会和条件。

我校为了充分落实学生的主体地位,把独立思考的时间还给学生,把自主发展的选择权交给学生,采取了一系列措施:压缩课堂教学时间,减少授课时数,降低作业难度,削减作业数量,自习课上教师不讲课,并精心为学生配置"自助餐"式作业供学生选择。所有这些,都是尊重了学生的主体性,营造出一种平等、民主的教育氛围,使他们有时间"质疑、求异",产生创新的欲望,学生学习的主动性空前高涨,学校教学质量显著提高。在清华大学就读的我校1996届学生会主席庞长林说:"在衡水中学,宽松的教学环境赋予我许多自由支配的时间,我最大的收获是养成了独立思考和敢于发表意见的良好学习习惯。"

四、倡导个性差异是实施宽容教育最直接的运作手段,是培养创新人才的有效途径

长期以来,传统教育只强调发展学生的求同思维,而忽视学生求异思维的训练。教师把学生"置于一个共同的标准或常模之下",用自己认同的"一种价值观来要求、评判学生",结果"学生的个性差异被抹杀,学习的内容、方式、目标等简单趋同"(李雁冰:《重塑教育评定》),教育对象都成了"标准件",学生思维被禁锢,想象被尘封。

有这样一个教学事例。教师问学生，面对浩瀚的湖水你看到了什么？部分学生说看到了"游弋的鱼""湛蓝的天""燃氢汽车"，而有的学生看到了"生命的美丽"，这是多么富有个性的想象！这时，如果教师给学生以积极肯定的评价，学生的想象之船就会乘风远航。要培养创新思维，就必须发扬民主，理解并包容学生的缺点与不足，创设愉悦宽松的环境，让学生的发散思维如清泉般涌流。世界上没有完全一样的花朵，每一个学生都有自己的情感和爱好，也有自己审视问题的角度，承认学生的个性差异，是培养创新人才、推动社会不断进步的前提。

五、平等的师生关系是宽容教育的人性内核，也是创新教育发展的情感保障

在传统教育理念中，教师总是高高在上，无视学生的个性和自尊，在严苛的训诫下，学生被打磨成没有棱角的鹅卵石。而现代先进的教育理念更强调平等，教师应尽可能地以朋友的角色出现在学生面前，宽容地对待每一个学生，宽容地对待学生的每一个想法，尽可能让学生的思想迸射出灵感的火花，从而张扬个性，培养创新能力。

学生是具有自主发展能力的人，是学习的主人。珍尼特·沃斯、戈登·德莱顿在《学习的革命》一书中说："要创造性地解决问题，你必须开辟新的通路、寻找新的突破点、发现新的联系，你必须打破原有的模式。"学生在求知过程中，有时怀疑老师，有时怀疑课本，对知识产生疑问，这是很正常的，甚至可能是进行创新的先兆。因此，我们不仅要容忍学生的这种举动，而且要鼓励甚至创造条件，以点燃学生创新思维的火花。反之，如果教师唯我独尊，刻薄地要求学生，长此以往，造成学生心灵麻木，就不能唤起学生内心对知识的探索，创新意识被扼杀在萌芽状态。

六、"宽"与"严"的把握是宽容教育成功与否的关键，是创新教育健康发展的理性要求

宽容是一种关爱，是一种信任，是一种力量，宽容能够激励学生自省、自律、

自强。宽容是对学生独立人格和创新能力的尊重,其主旨在于让学生的自然天性得以充分地显扬。"容人之过,非纵其非",宽容并不代表放纵,若宽而不当,宽而无度,会导致学生纪律涣散,恣意妄为,就不能保证学生健康发展。宽容是另一种意义上的严格,是教师充分利用情意因素,使学生的心灵受到震撼,从而激发强大的内驱力,实现更快更高的发展,所以"宽"与"严"从根本上是统一的。宽容为学生创新能力的发展提供了伸展空间,而严格要求则为学生发展铺设了正确轨道,创新教育就是将二者有机结合起来,使学校真正成为培养创新人才的摇篮。

人类正面临着有史以来最深刻的社会巨变和创造性重建,未来的发展将由知识和创新精神来推动。因此,我们的教育、我们的学校、我们的老师必须与时俱进,学习现代教育理论,积极探求先进的教育教学方法,培养适应未来社会发展的创新人才,接受知识经济时代的挑战。

刊发于《天津教育》2002 年第 12 期

原标题《尝试宽容教育,培育创新人才》

·衡中思考·

教学改革：把课堂设在舞台

语文教学不是在教室和阅览室进行，舞台成为课堂，真是新鲜事。

当学校多功能厅又正上演话剧《雷雨》第二幕，近千名学生观看演出。舞台上，演出气氛正浓，学生演员从服饰，到发型，从面部表情，到内心世界，从人物特点，到表演技巧，都达到了较高水准。扮演"侍萍"的女同学，将侍萍遭受命运坎坷，却又不甘命运摆布的人物个性表演得淋漓尽致，让人看到了劳动妇女在封建礼教束缚下的旧中国所遭遇的辛酸与不幸。身穿睡袍的"周朴园"、破衣烂衫的"鲁大海"，演员们把人物个性刻画得惟妙惟肖、出神入化，故事内容向前发展，跌宕起伏，高潮不断；《茶馆》《夏瑜之死》，剧本情节精彩纷呈，亮点迭出，我们被深深地吸引住了……

在一所中学内能看到如此高水平的话剧表演，而且是一节语文课，如不是参观者亲眼所见，真是难以置信。演出结束后，学生们纷纷表示，通过观看话剧表演，对教材中剧本节选内容有了更深层次的理解，学习兴趣更加浓厚，经过演出学生个人特长同时得到了发展。

他们这次历时两周的话剧表演，是为配合语文学科话剧单元的教学而进行的课堂教学改革，学生们在参与中成长，在体验中思索，在表演中发展，素质得到全面提高，达到了教育的终极目的。学校党委书记、校长李金池说："学校大刀阔斧地实施素质教育，老师们打破教学常规，敢越雷池，积极为学生个性的发展和完善提供广阔的空间，把课本内容搬上舞台，给沉闷的课堂注入了生机和活力，

学生在快乐的氛围中获得知识,在愉悦的心情中储蓄自信,从而发展成为一种专注与兴趣,收到了很好的效果,2001年河北省高考文科第二、三、四名均被学校学生夺得,学校综合办学水平得到长足发展。"

学校早在1997年就以学生为主体大胆进行课改,扎实推进素质教育,这为普通高中实施课堂教学改革做出了有益探索。

刊发于《语文报》2003年1月7日

原标题《把课堂设在舞台》

·衡中思考·

教育教学：教育惩戒是一种体验

学生的学习方式是否得到改善，是第八次基础教育课程改革的重要内容。现代学习方式的突出特征是体验性，体验使学习进入生命领域，学习过程已经不仅仅是知识增长的过程，同时也是身心和人格健全与发展的过程。我认为："惩戒"正是学生成长过程中，身心发展必不可少的一种体验，没有批评和惩戒的人生是不存在的，不能正确对待批评和惩戒的人生是不健全的。作为学生，只有从小接受恰当的教育惩戒，不断积累惩戒所产生的积极的心理体验，才能增强抗挫能力，才会成长为能够适应社会发展需要的有创新能力的现代人才。由此看来，教育惩戒既是教师管理的需要，也是学生自身发展的需要。

俗话说：人生不如意十有八九。人在社会生活中，总是存在一定的需要、欲望和期望，而这些期望或欲望往往要超越现实条件而存在。由于现实条件的约束，在大多数情况下，这些期望或欲望不可能顺利实现，挫折不可避免。这正如犯了错误就要受到批评和惩戒，学生必须接受这一现实，正确对待这一现实。有一个故事，几名小学生因为去喝水而迟到10分钟，于是教师便让他们在教室里站了一节课，其中一名学生回家后，又哭又闹，不想再去上学，她的家长便找到教师说这是体罚，伤害了学生，而教师自有自己的道理和苦衷。在这个故事中，我认为学生家长和任课教师的处理均有不妥之处。作为学生家长首先不应该到学校找教师理论，因为教育孩子不仅仅是教师的责任，更是家长不可推卸的义务。我们应该明白，人在遭受挫折的体验之后，都会伴随着复杂的情绪反应，这是很正常

的。家长应该用积极的态度和方法，设法解决存在于孩子身上的矛盾和冲突，应该对自己的孩子"动之以情，晓之以理"，婉转而明确地告诉孩子，由于自己的原因而造成的过错必须由自己承担责任，而不能企图回避矛盾，让孩子能够正确对待问题，从而提高心理素质，以利于孩子身心的健康发展。作为任课教师，一是可以采用其他的惩戒措施，如让其在课下多做适量的作业，并告诉学生这是因为迟到耽误了时间而必须承担的责任，这种方法比起罚站效果会更好，学生心中也会形成做错事就要接受处罚的积极的心理体验。二是如果任课教师采用罚站学生的办法，就不应该出于一种简单而纯粹的惩罚动机，而应该以帮助学生改正错误为目的，在课下积极对学生给予必要的疏导，透过语言的沟通和感情的交流，减少学生挫折持续的时间，令其改变对挫折的态度，启发挫折向正确的方向升华，而不至于引起太大的痛苦和不安，这样学生也会产生积极的心理体验。如果采用以上办法，灵活运用教育惩戒，掌握好教育惩戒的"度"，让教育惩戒成为学生积极的心理体验，我们完全有理由相信学生会正确地面对惩戒，会从思想深处认识到自己的不足，不再犯类似的错误，而沿着一条正确的轨道健康发展，这也正是现代学习方式所倡导的"让学生在体验中成长"的意义所在。

　　正确地运用教育惩戒，让学生在体验中得到感悟，使惩戒升华到一个更高的崭新境界，是需要通过一定的教育艺术和艺术的教育来实现的。一次我到某小学办事，恰遇几个小孩正在扯着一棵小树拔河，一位女老师跑过来大声呵斥道："撒手，小树被你们弄死了！"随后她又吼道："下午罚你们劳动，给小树浇水培土，听到没有？"几个孩子吓得低下了头，其中一个胆小的孩子还抽泣起来。看到这里我的心不由得一震，忽然想起了老教育家孙敬修的一个故事。有一次，他也是看见几个小学生摇一棵小树，孙老沉思片刻，走过去把耳朵贴在了小树上。孩子们莫名其妙，问他在干什么。孙老说："你们听，小树在哭呢，你们把它的命根快摇断了。"孩子们听了后，惭愧地低下了头。孙老继续说："那么我们去拿铁锹和水桶好吗？"孩子们飞快地拿来了水桶和铁锹，孙老和他们一起给小树浇水、培土。以后，孩子们还当上了小树的"卫士"，定期为小树培土、浇水。同一件事情，不同的"惩戒"方式，很可能是两种截然不同的教育结果。教育惩戒成为教育艺术，就不会给孩子们留下心灵的创伤，心理体验就能够给孩子以"良性刺激"，形成正确的心理价值趋向，从而达到一个崭新的教育境界。

作为教师，如果只知道引导而不施惩戒，引导就会变得苍白无力，但只用教育惩戒而抛弃教育引导，就会适得其反，也就失去了教育的真正意义。如果实施教育惩戒时，人为地对二者进行割裂，给学生以"恶性刺激"，惩戒就变为体罚，就会伤害学生的身心健康，对于这样的教育惩戒我们真的应该大呼一声："狼来了。"如果把二者辩证地结合起来，运用艺术的教育惩戒，让教育惩戒成为学生感悟人生真谛的一种奋进的力量，那我们不就达到了教育目的吗？

刊发于《宁夏教育》2003年第Z2期

原标题《教育惩戒是一种体验》

课堂教学：体验是最好的老师

体验，就是通过亲身实践认识周围的事物。新一轮基础教育课程改革要求学校要有目的、有计划地增加学生的体验量，不断丰富学生的体验内容，有效调动学生的学习兴趣，调动学生潜在的主观能动性，从而使每个学生都能够愿学、乐学、会学。只有这样，学生才能够在实践活动中，更加积极主动地思索探究，发展自身素质，培养创新能力，认识客观世界，达到学校的教育目的。可以说，体验是发展之源，发展是体验之果。

一、抓住课堂教学这一关键环节，使学生在身心参与中全面发展基本素质

课堂上，教师为学生创设一定的实践活动，学生通过亲身体验，获得丰富的感性材料，小小的课堂可以成为学生掌握知识、发展能力、陶冶品德的大世界。一位教师要求学生以"沉默"为话题写一篇作文。课前，教师考虑到学生可能受"沉默是金"的局限，对沉默大加赞扬，所写作文可能缺少新意。于是动笔前，首先让学生利用10分钟进行了一场班级辩论赛，让全班学生参与其中，创设了一种有效的情境。正方观点是"沉默是金"，反方观点是"沉默并非是金"。双方同学旁征博引，各抒己见，课堂气氛异常热烈，学生的兴奋劲儿难以言表，所有人都跃跃欲试，有的学生反驳不倒对方急得要掉泪花。随后，作文开始，教室宁静极了，全班同学都全神贯注地投入这次作文中，如有的同学写道："腹中空泛，思想苍白，不思进取，故而无言可发，是沉默；热情已如柴薪尽燃，却冷漠处世，无喜无悲，无忧无愤，是沉默；饱经忧患，阅尽人间百态，然而深思不语，

也是沉默。"究其原因,课堂上,教师针对学生需要掌握的探究内容,选择了辩论这种富有个性的体验形式,与学生一起创设了一种最佳的教学场景,营造了情景交融的心理氛围,学生动脑思、动眼看、动耳听、动口辩、动情议,在情趣中学习新知,在愉悦中独立思维,学生成为学习的主人。试想,学生在积极和兴奋的探索状态中,在强烈的求胜欲望驱使下,发展和提高的绝不仅仅只是写作的技巧吧!

二、积极创设各种愉悦的教育活动,让学生在亲身体验中感悟人生

学生在乐于参加的教育教学活动中,亲自实践,主动思索,品味人生,感悟生命,教育效果之佳是难以估量和测算的。我校每年五一前夕都要组织一次 40 公里远足活动。刚刚开始时,学生们感觉很新鲜,很好玩,像小鸟一样唱个不停,笑个不停。两小时过去了,远足的队伍在坑洼不平的土路上前进着,汗水和着尘土从头灌进脖子,流到脚下,绿色的军装后背处泛起了一道道汗碱,学生的脚步越来越沉重,双脚开始发胀……队伍继续行进着,有的学生手指肿了,有的呕吐起来,有的脚上起了泡,还有的在同学的搀扶下一瘸一拐地前行,一些女同学眼里闪动着泪花说:"老师,我能坚持。""请放心,既然我是集体的一员,掉队永远与我无缘。"历经八小时,这些十六七岁的孩子全部战胜了酷热、劳累和伤痛,顽强地走回了学校。学生们在日记中写道:"团结就是力量,我今天认识到了这一道理,如果没有同学们的鼓励,很难说我能坚持走回来";"今天踩在我脚下的不仅仅是 40 公里路程,踩在我脚下的是怯懦、惰性和娇气,这份体验使我的生命更加精彩,永世难忘,受益终身,今天是我生命中永远值得回忆的里程碑"……学生通过参加此类教育活动所培养的意志品质和对人生的感悟,不正是学生终生发展受用不尽的必备素质吗?

三、抢抓各种社会实践机会,给受教育者以发展个性的自由天地

现代教育理念告诉我们,无个性即无人才。若想实现让学生生动活泼成长的

教育目的,就需要尊重学生的独特个性,为学生个性的发展和完善提供广阔的舞台。某公司曾经组织过一次全国礼仪大赛,我校高二一位班主任得知消息后,忽然记起班上女生小黄曾说过:长大后,要做中国最好的模特儿。当时小黄的学习成绩居于中游,如果支持她参加比赛,会不会影响她的功课?这位班主任进行了审慎的考虑,最终将这一消息告诉了小黄,她年轻的心一下沸腾起来……可是在衡水这座北方内陆新兴小城市,人们的思想观念还比较落后,一位女生走上舞台去参加模特儿大赛,有点儿腼腆的小黄觉得不好意思,个人理想和性格爱好产生了抵触,她的情绪很低落。班主任知道了她的想法和处境后,在自己给她做思想工作的同时,还动员她的全体舍友支持她。在宽松、理解和温馨的氛围中,她终于解开了思想疙瘩,愉快地参加了比赛。比赛很顺利,小黄战胜了所有人,其中不乏时装模特儿艺术团的专业选手,一举获得了中国礼仪文化大赛衡水赛区总冠军,并且捧回了河北省赛区"最佳形体奖"奖杯。小黄很高兴,全班同学都为她欢呼雀跃。事后,班主任利用学生身边这一素材,组织了一节完美的主题班会"自信与成功",学生们收获颇多。在班会上,小黄动情地说:"对我来讲,这是一次惊心动魄的经历,正是因为这次经历和参与,我更加清楚只要敢于展现自己就有机会品尝成功,我要继续努力、再努力,全面发展自己,实现自己的理想,把美的韵律奉献给缤纷的社会。"

教育教学活动中,学生以丰富的情意体验和深入的认知参与,得到多边信息交流和多元思维撞击,自身素质得以全面发展。可以说,体验是最好的学习,体验是最优秀的教师。

刊发于《教育文汇》2003年第11期

原标题《体验是最好的老师》

班会教学：营造"教育场" 提升教育力

班会是班主任教育工作的主阵地，如果不能抓住和占领这一阵地，教育效果就不能保证。因此，对于班会课，班主任应精心准备，认真谋划，使之形式新颖，内容充实，让学生乐于参加，积极参与。同时，班会课应多设计安排一些学生身边生动鲜活的例子，这样学生才爱听，心灵触动也比较大。班会课是一个加油站、一个誓师会，而更确切地说，班会课应该成为一个教育场。

教学过程需要创设一个情意场，在情意场中，学生能自然而然地接受知识、掌握知识。我觉得教育工作同样也需要创设情意场，营造一种无处不有、无时不在的教育氛围——教育场。最近，我抓住召开家长会的契机，与之配合召开了一个班会，非常成功，学生学习动力明显增强，收到了很好的教育效果。

这次家长会的成功，在于：

其一，在准备家长会时，班委会要求全班同学把自己明年高考的目标确定下来，并把这些目标公布上墙，展示给各位家长看。学生们的目标都很高，有十多位同学把清华、北大作为自己的奋斗方向。

其二，两名擅长演讲、能力较强的学生代表发言，同学们表现出对高考强烈的信心和高昂的斗志："鲲鹏一日同风起，扶摇直上九万里"，"我们背负着父母的希望，我们会全力以赴，为荣誉而战"。

其三，所有学生都把自己的口号和学生代表发言的主题内容制成投影展示，并在教室板报栏内贴出。

其四,我要求每位同学给自己的父母写一封信,把自己来衡中几个月的表现、明年的理想以及如何用实际行动实现自己的理想等写在这封信上。学生们反映这种形式很好,他们都用真挚的感情去和父母交流,写出了以往很长时间就想跟家长说的话,对学生和家长的触动都很大,很多家长写下了热情洋溢的留言。有了这样的内容和形式,再加上学生们的积极参与和班委会的周密组织,自然起到了事半功倍的效果。

至于这次班会课,在班会的当天晚上,我们也进行了精心的准备。首先,我给同学们读了几篇家长的留言,学生们时而眉头紧锁,时而低头沉思,家长的希望和期盼了然于心,群情激昂。然后,一位同学富有感情地朗读了《孩子,爸爸听到了你的声音》这篇文章,说的是安徽农民胡传成勇救四名落水儿童,自己的孩子却在这次事故中溺水而亡的事情。其中主要说明了胡传成这位父亲的伟大,另一方面,也描写了胡传成失去儿子后的巨大悲痛,说明孩子在父母心中的位置之重无与伦比。在读这篇文章时,许多同学都被感动了,很多人都流下了热泪。随后,在我的引导下同学们开始发表个人意见并进行讨论:"我们是父母的全部希望,或者说我们就是父母生命的延续,我们有什么理由不奋起直追、不拼一把呢?""父母给予了我们全身心的爱,我们应该懂得父母的心,应该懂得自己肩上所承担的责任和义务,为了父母我要发奋学习,我决不会再辜负他们的殷切期望。"在这样的教育场中,同学们都被感动了,都咬起牙关下定了决心。接着,主持人不失时机地在大屏幕上打出了毛泽东主席的诗和周恩来总理赠南开舍友的诗。

呈父亲

毛泽东

孩儿立志出乡关,

学不成名誓不还。

埋骨何须桑梓地，

人生无处不青山。

赠南开舍友

周恩来

大江歌罢掉头东，

邃密群科济世穷。

面壁十年图破壁，

难酬蹈海亦英雄。

同学们豪情满天，大声诵读着这两首诗，领悟着这两首诗。最后，在主持人的倡议下全体同学共同向家长郑重承诺：今天父母是我们的骄傲，明天我们是父母的自豪！

在随后一周的时间里，每天早读前，全体同学起立把这两首诗朗读三遍，作为督促和激励。通过把家长会、班会和学习生活过程有机地融合在一起，经过随后一段时间的观察，班内各方面情况大有好转，同学们学习劲头大增，全班掀起了一场轰轰烈烈的学习高潮。

刊发于《中小学班主任谋略》2004 年第 1 期

原标题《如何营造班会"教育场"》

引导教学：让学生互相欣赏精彩

前不久，我听了他校一节班会课，心情非常沉重。

上课后，班主任首先拿出一张中心有个黑点的白纸让学生观察，并引导学生从不同的角度去思考问题。在老师的启发下，学生认识到这张纸就如同一个人，大面积的白色是一个人的优点，而小黑点则是不足，如果只盯着一个人的缺点，那么就很难发现他的长处。在学生的参与中，班会自然地进入了主题：寻找"闪光点"、营造"新"氛围。学生们兴奋起来了。

一名女同学站起来说："上周，小楠同学感冒发高烧，但她却没有耽误一节课，这种精神非常值得我们学习。"学生鼓起掌来。掌声未落，一名男生大声说："劳动委员小芳宽以待人，遇事从不斤斤计较，我非常佩服。前几天，我顶撞了她，在这里我向她道歉，希望她能够原谅我的自私。"教室里响起了雷鸣般的掌声。

俗话说：良好的开端是成功的一半。但就在这时，班会却悄无声息地发生了变化。

班主任说："小芳为我们班做了很大牺牲，可是你们却做了些什么？乱扔纸屑，乱丢果皮，你看你们的课桌和抽屉内，没有一点儿条理，乱七八糟，还有点儿样儿没有？"学生们开始安静下来。"你们真是太自私了。晚休时，你们或打手电看书，或说说笑笑，你们知道这会扣除班级量化分吗？"学生们都低下了头。

教室后排一个男生嘟囔着："你才自私呢！""小超，昨天晚休时你说话了吗？"班主任责问一个男生。"没有。"学生反驳说。"可是我明明听到'小超，别说话了'，不是在说你吗？违反纪律不承认是更大的自私。"班主任坚定地说，

衡中思考

学生哄笑起来。"我真没说话,不信您问宿舍长。"这位男生急得面红耳赤。"他睡着了打呼噜,我们和他闹着玩才说的。"不知谁说了一句。"自习课上,你们的自私行为也时有表现,交头接耳,嘻嘻哈哈,这也是对他人的不尊重,对班级纪律的亵渎,你们什么时候才能改掉这些自私行为呢?"

……

在班主任喋喋不休的责怪声中,学生的头越垂越低,教室里静极了,一丝寒意和些许压抑开始在教室里弥漫。15分钟后,班主任说:"就到这儿,学习吧!"班会戛然而止,我的心一下掉到了冰窟中。

听完课,我不禁思索:班会起始阶段,班主任通过一个简单的心理试验,为学生创设了一种自主学习、自主发展的氛围,学生在表扬与被表扬、鼓励与被鼓励的相互交流中,情感需求得到满足,优点得以强化,个性得到发展。这时,班会激情四射,生机勃勃。但可悲的是,这位老师并没有把这精彩的开头当作班会的核心价值,拓展下去。在他的观念中,这样的开头只是一场戏,实质的内容是让班会成为"批评会""量化会""事务会"。

8分钟之后的班会笼罩上了浓浓的功利色彩。教师成为课堂的主宰,学生成为奴隶和附庸,教师高高在上,主观臆断,训斥学生,随口送给全班学生一顶自认为十分合适的"帽子"——自私;不调查研究,信口说某同学晚休时说话。这势必会引起学生的反感,从而导致抵触情绪的产生。当老师和学生对立起来时,教育只能产生相反的作用。

班会应该属于学生自己,老师所做的,只是帮学生打开心灵那扇门,让他们互相欣赏那里的精彩,交换各自的宝藏。

刊发于《德育报》2004年1月12日
原标题《让学生互相欣赏精彩》

家校合作：衡水中学开展家长进课堂活动

为加强未成年人思想道德建设，促进学校民主办学，衡水中学在三个年级中分别开展了"家长进课堂"活动。邀请部分家长以讲课的形式，就他们的奋斗历程、人生感受等对学生进行理想、信念、品德等方面的教育。家长进课堂活动使学校的思想教育工作形成了家庭、学校、社会三维立体教育模式。

去年11月，学校为加强家校合作，形成育人合力，成立了由80余名成员组成的学生家长委员会。除定期沟通，开展家长听课、听班会等活动外，家长进课堂活动就是其中的一项举措。由于是听家长讲课，所以每一名同学都显得异常惊喜和兴奋，听得非常认真；家长们也都做了充分准备，"课"讲得十分精彩。

学校267班刘忠达同学说："45分钟很快就过去了，我们依依不舍地用掌声欢送和感谢家长。家长课堂让我学到了书本上不可能学到的知识，它极大地陶冶了我的性情，端正了我的人生观。"255班的胡庆阳同学说："家长进课堂活动真正地把家长、学校和我们联系在了一起，使家长了解了学校，使我们理解了家长，加强了学校、家长和我们之间的沟通，十分有利于我们的健康发展。"

刊发于《河北日报》2004年1月18日
原标题《衡水中学开展家长进课堂活动，多渠道加强理想道德教育》

教育艺术：教育也需实现"零距离"

时下，在企业、商业等行业一个新词被频繁使用，这个新词即"零距离"。看了关于"零距离"的一些相关材料后，我突发奇想，"零距离"是不是也可以引入教育行业，即教育也需实现"零距离"。

到底什么是零距离呢？当然，不同行业有不同行业的理解，中国海尔集团首席执行官张瑞敏说："所谓零距离，其本质是心与心的零距离。"引申到教育上，我认为零距离可以理解为：老师与学生通过最近距离的接触，即心与心的直接接触，营造一种心灵深处的无距离感，从而形成一种隐性的亲和力，构建一种无距离的、平等的、相互尊重的新型师生人际关系。

在中国，自古以来就有尊师重教的传统，但不知从何时起，逐渐衍生出一种"师道尊严"的观念来，在这种观念的作用下，师生关系一如君臣关系，是绝对"领导"与绝对"服从"关系，老师高高在上，居高临下，老师就像是一位圣人，他的话就是"圣旨"，学生必须无条件地遵从，否则就是大逆不道。这种观念一直深深影响着中国的教育，包括应试教育模式下的师生关系也打着很深的"师道尊严"的烙印。随着历史的进步和时代的发展，人与人之间的关系已经发生了根本性变化，在人权至上的现代社会里，人与人无论职务、身份、地位、权力的高低，在人权上都是平等的，彼此之间必须相互尊重。这种人权上的平等，宣告了一些传统的人际关系模式已经被打破，这里面便包括"师道尊严"观念下的传统的师生关系。在时代呼唤素质教育的大形势下，形成一种平等的互相尊重的新型

师生关系就成为一种必然，这个时候，实现教育的零距离，无疑会对促成这种新型师生关系的形成具有重大作用。可是，如何实现在教育上的零距离呢？关键是实现师生间的零距离。实现师生间的零距离，就要做到以下几点。

一、实现思想上的零距离

思想决定行动，无论是老师还是学生都要从思想上彻底转变，摆脱旧的师生观念的束缚和禁锢。首先从观念上真正实现师生平等。老师要把学生当成独立个体平等对待，尊重每一名学生，认识到受教育是学生的权利，而教育学生是自己的职责，而不是自己的特权。学生要尊重自己的老师，要认识到接受老师的教育是自己的天职和必须履行的义务。只有这样才能从根本上实现师生间的零距离。

二、实现教学行为中的零距离

无论师生关系如何变化，师生间的教与学的矛盾必然存在，这就决定了老师必须通过一定的教学行为达到自己传授知识的目的，而学生必须通过一定的学习行为达到自己掌握知识的目的。所以，要实现老师与学生的零距离，就必须实现教与学中的师生零距离。这可以体现在许多方面。

1. 课堂上。老师充分落实学生的主体地位，把学习的主动权交给学生，学生积极主动地在老师的指引下去思考、探究，主动获取知识。

2. 讲课时。老师可以走下讲台，走到学生中，缩短与学生的空间距离，从而拉近与学生的心理距离。

3. 提问时。老师可以走到学生身边，静静地听学生回答，学生回答完问题后，老师适时地给予鼓励。

4. 在平时的教学中。老师考虑到学生的个体差异及不同层次学生的接受能力，更为科学、合理地设计自己的课堂教学等。

三、实现教育行为上的零距离

在教育学生的过程中，老师少不了与学生的直接接触，如找学生谈心，做其思想工作,加强其生活,学习指导等,或指出其缺点、错误,促其改正等。在这些教育行为中,老师就可以尝试一下零距离的教育。如找学生谈话时,考虑到学生都有自己的自尊心,尽量不直接把学生叫到办公室,而是选择适当的时间和地点,如可以在课间、饭前饭后、放学路上与学生边走边谈。如果要叫学生到办公室,要尽可能地选择人少的时间,同时,应该让学生坐下来,心平气和地与学生交谈。同时,要经常关心学生的学习、生活,增加与他们直接接触的机会,如利用班会与学生谈谈心里话,同样可以缩小师生之间的距离,达到"零距离"状态,从而增强师生之间的亲和力,达到一种比较完美的教育效果。

四、实现心理零距离

心理活动是最为微妙、复杂,难以琢磨的人的内心活动。学生的心理工作也是最难做的一项工作。所以,要想增进师生之间的了解,建立起一种彼此信任的良好关系,实现心理上的零距离十分重要。这就需要老师和学生遇事要敞开心扉,开诚布公地讲出自己的见解和想法,特别是师生之间存在矛盾或是学生走入心理误区时,师生之间一定要相互理解、坦诚相待,说出彼此的心里话,共同研究、解决问题。从教育学生的角度来说,实现心理上的零距离至关重要。

以上,就是我对实现教育零距离的一些想法。零距离是一个新词,而如何在教育中实现师生间的零距离更是一个新鲜事物,还需要我们一起在教育工作中不断地探索和研究。

刊发于《湖北教育(教育教学)》2005 年第 11 期

原标题《教育也需实现"零距离"》

附：教师代表

培育"有生命自觉"的教师群体
——衡水中学教师专业化发展侧记

"不在衡中待很长时间，你就发现不了她内在的东西。"

走在衡中浸润着绿意水光的校园里，学校的老师这样告诉来访者。

教师，是一所学校的生命之源。在衡中，她内在的东西，在教师身上得到了最好的呈现。学校认为，面对日益发展的教育新形势，学校能够持续发展的关键，就是要创建教师专业成长文化——培育能够能动地完善自我的具有"生命自觉"的教师群体。他们说："这是教师人生境界的体现，同时也最集中地体现了教师的专业发展水平。"

在衡中，你会感受到一种鲜明的气息，一种开放的胸襟和流动的活力汇成的气息。

"在江苏的东庐中学，我印象最深的就是东庐校长说的那句话：'我们没有什么新理念，搞教育哪有那么多理念？我们需要问自己的就是把学生带到哪里去，怎样带？'从这朴实的话语里，我想到了什么是真正的教育，什么是真实有效的教育……"在衡中老师们的一次备课组长会上，吴立静老师向老师们讲她刚从江苏考察学习回来后的感受。

像这样的备课组合作学习教研，是学校教师工作的一种常态。做课教研，考察培训，已成为老师们日常工作的一部分。

这里，长年接待着来自全国各地的参观者，也不断有衡中的老师们外出取经学习的身影。短短几年间，学校已接待了全国 30 余个省、市、自治区的 16 万余人次的教育界人士的观摩学习。同时，这些年，学校遵循"培训是最大的福利"的理念，不断加大教师参加校内外培训的力度。近年来，已先后组织2000余人次到过全国20余个省、市、自治区的200余所名校学习取经。广闻善曲识好音。学校开放的办学思路，打开了教师的眼界，这"善教之师不教""我们这个学科是否有积极学习态度""教育是为后代积福，不要功利"等思考，一点点积累沉淀下来，就成了成长的智慧源泉。

对教师的培育，是一个动态的终身教育培养的过程。学校一直致力于创设条件，努力为每一名教师搭建成长的平台。

康彦华，一名到衡中不到两年时间的年轻教师，是这样讲述她的破茧化蝶过程的。2010年刚刚进入12月，三项重要的活动同时落到了我的身上：衡水中学"第三届读书报告会"主持、"十佳德育创新标兵"竞选、河北省心理研讨会公开班会。忘不了同事在身边真诚的鼓励和关心；忘不了学校组织专门的调度会，邀请多位优秀班主任为我的公开班会出谋划策。为了展示我的"新招"，我用了三个通宵整理自己从教两年来的班级管理反思；为了开好那节公开班会，我写了整整20页的班会教案……

"一名老师参加一次这样的历练，对她就可能是一次人生的飞跃。"校长张文茂这样阐释岗位练兵对老师成长的意义。

在这里，外出做课、对外做报告或上公开课，不管教龄长短，每个教师都有机会。他们打破论资排辈、平均主义思想，让能者上得去，庸者下得来。他们在校内通过开展评选首席教师、首席班主任和星级教师、星级班主任以及星级服务标兵，并举办教师专业水平提升讲座、班主任专业化成长讲座等一系列举措，有效提升了教师的综合素养。在这样的机制下，一批名师脱颖而出。一些青年教师刚刚工作两三年就成为高三教师，有的还担任了学科组长，甚至中层干部。创先争优、科研强师、落实新课标……沉潜下来务实钻研的风气，为学校营造了浓厚

的学习氛围。积极进取，成了学校的主旋律。

同时，学校一直致力于在良性的合作竞争体制下，打造团队精神。在衡中，你会感到，每天你都在为团队工作，团队也在为你工作，凝聚力由此而来。在公平公正和谐的环境中，学校就有了一种家的氛围。正如现任高三语文备课组长王小铭老师在一篇文章《把备课组像自己的家一样经营》中写到的："我们经常说的一句话就是——我就是学科组，学科组就是我。大家真的如兄弟姐妹般，在这个'家'里生活，真是其乐融融啊。"

的确，一所学校的氛围，在岁月的累积中，会慢慢凝结为学校的气质。

今天，包括校长在内的领导班子群体，都经常把荣誉让给一线老师，"荣誉让，工作上"已成为学校领导群体的一种传统。在这所学校，老师们留给外来者的第一印象，就是终日脚步匆匆的身影、工作着并快乐着的面容。无私奉献、兢兢业业，在这些老师身上得到了最好的注解。在学校声名日隆的今天，学校的老师始终有一种可贵的坚守。老师们已不止一次遇到外边的学校高薪要人的事，但老师们说，在这里有一种归属感，这幸福不是物质能带来的……在现今商品化社会大潮的冲击下，学校依然坚守着它的一方宁静。

已参加工作二十多年的学校名师王文霞的一段话，表达了这个群体的共有心声：对我们的学校，我内心有一种割舍不掉的感觉。最重要的就是学校有一种氛围，身在其中，就被同化了。这辈子觉着，"是个老师，就做个好老师，做一个有思想的好老师，能让接触我的人感到一种幸运，足矣。"

刊发于《河北教育》2011 年

追求
——记衡水中学功勋教师张玉斌

在老师们眼中，他是一位敬业务实的人；在学生心中，他是一位可敬可爱的好老师。"工作就是事业，学生就是责任"，为了事业他日复一日辛勤耕耘，为了责任他年复一年执着追求，其乐融融，乐在其中。当他获得"青年教师希望之星"时，当他讲授的物理课一举夺得河北省优质课时，当他又一次获得"青年教师希望之星"时，他来不及细品其中的滋味，却早已把目光投向更高的目标，坚定地向前走去，这就是张玉斌老师。

奉献，是一种最好的享受

教师的劳动是一种复杂的创造性劳动，需要教师本人的无私奉献和忘我投入，张玉斌老师正是这样，为了学生，他付出了极大的精力和心血，而也正是在这样的奉献中，他领略了蕴藏其中的无穷乐趣。

去年春节后，张老师发现自己任课的两个班有十几名学生亟待加强指导，其中既有尖子生，物理较差，也有下游生，但物理相对略有优势。于是，他开始利用学生晚饭后到晚自习前的一段时间有计划地给学生补课，这一干就是近两个月，取得了很好的效果。995班弓维同学就是其中的一个，当时他在班内处于五十多名的位置，但物理略好。补课过程中，张老师不仅注意为他补习专业知识、指导学习方法，还注意转变弓维的思想，功夫不负有心人，弓维同学的物理和其他科目成绩直线上升，最终考入了华北电力大学。对此张老师说："他成绩虽然落后，

但物理略好,这说明学生喜欢你这一科,喜欢你这个老师,因此思想工作非常有成效。"(启示:做学生的思想工作并不是班主任的专利,有时任科教师更具有优势)可以想象,在为学生补课的两个月期间,当学生由疑惑突然茅塞顿开时,当学生由失望到突然明白生命的价值时,当学生眼里突然闪烁起快乐的光芒时,张玉斌老师充分体验了那种精神上的享受。

由于工作关系,他们一家只有周末才能团聚,而他为了自己的事业,为了自己的学生,每天一个人吃住在衡中,周周如此,月月如此,却乐此不疲,也许正是这个道理吧!

学习,是成功的强大支撑

先进的教育理念、广博的专业知识和丰厚的文化素养是一名青年教师成长的强大支撑。繁忙的一线教学任务和班主任工作并没有使张玉斌放松对教育教学理念的学习,他深知要跟上教育发展的新形势,就必须不停地进行"充电",不断地提升自己的学习能力。

近年来,张玉斌虚心向老教师请教,还挤时间学习了有关的专业知识,同时,他还认真研读了多本教育教学理论专著,如《诱思探究导论》《班主任工作漫谈》《教育三部曲》等,并做了大量的读书笔记和教学后记。扎实的学习为他在工作中不断提高自己、更新自己、发展自己提供了广阔的智力背景。在国庆节前后,他曾经阅读了《百叶集》这本书,书中一个个鲜活的小故事,充满人生哲理,耐人思考,富于启发,极具教育意义,于是他连写带背记了很多。"我的班会和家长会之所以能够取得成功,在一定程度上得益于它。"

张玉斌老师为了学习现代教育技术,牺牲了很多休息时间,苦心练习提高。正是得益于此,他现在已经能够娴熟地制作多媒体课件,并在省、市和学校的各种比赛中屡屡获奖。可以看出,张玉斌之所以又一次步入功勋教师的行列,这一切得益于他的勤奋。

　　无意中翻开了他学生的周记本，不由得肃然起敬。其一，学生简直是用"心"在和他交谈，感情真挚，毫无保留；其二，他的评语一本不落，或鼓励表扬，或分析诱导，非常中肯，有的评语竟长达两页。他笑着说："早操后一直到7点10分才看了六本，给学生发下去了，周记确实能及时发现各种问题，不能忽视。"重视问题的及时发现和解决，重视每一个细小环节，由此我们没有理由不相信，新的班集体在他的引领下，在全班同学的努力下，一定会迎来辉煌的明天。

　　鲁迅先生曾经说："不满是向上的动力。"张玉斌觉得，每登上一个山峰都只不过是人生旅途中一个新的开始。功劳是暂时的，追求才是永恒的。

撰写于 2003 年 11 月

第三章
学生怎么学

衡中最大的特色就是没有特色,衡中学生不只会考试而是全面而优质。

·衡中思考·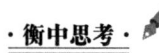

自我管理：衡水中学探索学生德育新途径

一个个由学生自己编写的警言警句制成的灯箱，竖立在学校主干路两边，一条条张扬着学生个性的班训，张贴在班级的显眼位置。班务民主管理、助理班主任、直播节目"校园天地"等自主教育内容更是丰富多彩。这是我于8月6日在衡水中学看到的学生自我管理、自我塑造的景象。

从1997年开始，衡水中学积极摸索班级自主管理，班规班纪、班级目标、班级事务、日常管理由学生自己制定，独立操作，出现思想倾向性的问题，班委会便召集同学进行"集体会诊"，研究"德育配方"，学生个人出现问题，也会主动地自我诊断、剖析。为让学生都有机会自我锻炼，他们实行轮流班干部制度，每个学生都能亲身体验做好同学工作的艰苦和乐趣，学会了换位思考，增强了自制自律意识、集体观念和团队精神。

学校与市电台联办的"校园天地"直播节目，所有内容制作、编排、播音全部由学生完成。如今，节目已开办300多期，被评为衡水市文艺信息广播电台最受欢迎的两个节目之一。在学校支持下，学生还自发组织了一些社团，如时事沙龙、新芽文学社、学生通讯社、书画社、天文爱好者小组等。学生在活动中陶冶了情操，潜移默化地受到了教育。每年寒暑假学校都组织社会实践活动，开展"今昔对比谈""热点问题谈"等，引导学生关注社会，关注未来。

衡水中学在思想教育中辅之以心理教育，他们成立了心理咨询室，配有一名心理专业毕业的大学生和七名专、兼职心理咨询教师，他们定期对学生进行心理

讲座，进行集体心理健康教育。学校还设置了心理咨询信箱，创办了校内刊物《心理园地》，使许多学生走出了心理误区，健康地成长。

刊发于中国衡水 >> 衡水新闻 >> 今日衡水 >>2002 年 8 月 19 日
原标题《衡水中学探索学生德育新途径》

· 衡中思考 ·

养成教育：衡水中学向公车接送说"不"

近日来，衡水中学与衡水市纪律检查委员会联合组织开展了以"拒绝公车接送"为主题的理想、信念教育活动。活动中，学生们纷纷表示要以自己的实际行动，自觉抵制各种不良现象，从源头上杜绝公车私用的问题。

11月20日，衡水中学团委副书记李续赏在接受采访时说：近年来，公车接送子女上学泛滥成风，不仅给国家造成了巨大损失，在社会上造成了不良影响，而且也使一些学生养成了养尊处优的坏习惯，不利于学生正确的人生观和价值观的形成与培养。为了净化社会风气，净化学生心灵，培养学生独立自强、吃苦耐劳的优秀品质，从源头上杜绝"公车私用"的不良现象，学校配合衡水市纪委在学生中开展了以"拒绝公车接送，培养独立、自强、吃苦耐劳的优秀品质"为主题的教育活动。目前，校团委会已收到学生对"公车私用"现象的批评稿和感想3000多篇。

李续赏还说：将在近日以"共青团河北衡水中学委员会"的名义向全市青年发一封《致全市青年开展"拒绝公车接送"活动的倡议书》，倡议全市青年从身边的小事做起，自强自立，对父母所给予的过度关爱主动说"不"，拒绝他们用腐败的行为为自己创造的优越条件，同时奉劝父母廉洁自律，不公车私用。

刊发于《燕赵都市报》2002年11月

原标题《衡水中学向公车接送说"不"》

震撼教育：大课间活动让学生在快乐中成长

我曾走访过很多学校，发现学校课间操的质量每况愈下，许多学生做操或无精打采，或说说笑笑，甚至有的学生站在原地一动不动，课间操似乎已流于形式。和一位教育界同人探讨起此事，他称赞我们衡水中学的课间操别具特色，学生"爆发出青春活力"，精神面貌焕然一新。

每个来衡水中学参观跑操的来访者都对此印象深刻。校园内跑步的学生们步调一致得仿佛像是一个人，颇像一支训练有素的军队，气势昂扬；"咚、咚、咚"跑操的步调声撞击着人们的心扉，队伍中的男孩和女孩们精神百倍，扯开嗓子尽力地、忘情地喊着口号，铿锵激昂，"脚踏实地、团结一心、顽强拼搏、振我中华，一、二、三、四"，"自尊自爱、自立自强、众志成城、共创辉煌"，声声口号挣脱了严冬的束缚，寒冬中校园温暖、沸腾起来了。"真棒"，一些到衡中参观学习的外地老师兴奋地鼓起掌。山西太原一位女老师激动地流出了眼泪，她对旁边的人说："口号那么响亮，那么有气势，这种精神状态怎能不感染人！"山西汾阳中学的一位副校长兴奋地用手机拨通了本校电话，远远地把手机对着跑操的队伍，雄浑的口号立即传到了千里之外。

校长李金池说："课间操长期固守一种方式，学生感觉单调乏味，限制了学生的个性发展。衡中把大课间活动与学生生理、心理的发展变化结合起来，与思想道德教育、主体性教育结合起来，积极进行改革，让其担负更重要的角色，学生在亲身体验中，自觉地培养了集体主义精神、爱国主义精神、团队精神和竞争意识。如果学生'出工不出力'就会养成不良的生活学习作风，不利于学生坚强意志的培养，衡中正是基于此点对课间操进行了改革，更多地关注了学生的精神境界。"高一年级227班的刘放同学说："早操和课间操消除了我的疲劳，让我精力更加充沛，我和同学们都认为这是一种享受，非常喜欢这种形式，在快乐中锻炼身体，融洽关系，增强班级凝聚力，我想我们会更从容地面对未来的学习压力。"

从形式上看，衡水中学的大课间活动改变的是内容；从本质上看，他们改变的是教育思想观念和方法途径，从而一举突破了"操"的局限，学生真正成为大课间的主人。

刊发于《中国中学生报》2003年2月21日第943期

原标题《大课间活动让学生在快乐中成长》

学生怎么学

家校共联：衡水中学的 21 位家长进校讲德育课

为进一步加强和改进未成年人思想道德建设，充分发挥家长这一不可或缺的教育资源的作用，河北衡水中学开展了"家长进课堂"活动，邀请部分学生家长到校以"讲课"的形式，结合他们自己的奋斗历程、人生感受等对学生进行理想信念、诚实守信、勤奋学习等方面的教育。这一举措为开发和利用家长这一教育资源提供了新的思路。

据统计，从去年 11 月初至今，学校已邀请 21 位学生家长到校"讲课"，有 1300 余名师生聆听了家长热情洋溢的课堂教学，另有 1200 余名学生利用多媒体教学设施观看了录像。

"家长进课堂"活动分三步

第一步，对家长委员会中素质较高且有良好家庭教育经验的委员，首先由班主任发出"讲课"邀请，然后结合班级的具体情况以及家长的人生经历确定教育主题，家长负责撰写"教案"，班主任提出意见后修改定稿。

第二步，在特定的班会时间，由班主任邀请家长到校"讲课"，部分学校领导和班主任旁听家长的公开课。

第三步，课后，班主任对该节课予以总结升华，对学生提出具体的希望和要求，并倡导学生们每人给父母写一封信。

由于家长们都做了充分准备，每一节"课"都讲得十分精彩，每一名学生都显得异常惊喜和兴奋，听得非常认真，起到了意想不到的教育效果。

家长成为学校教育的主角，德育课变成"亲情课"，让学生感受到了心灵的震撼。如在一节题为"学习改变命运"的课上，学生家长贾长河先后给学生们讲述了"森林遇老虎""梳子与寺庙""杀狼保鹿"等六个故事，并利用华罗庚、柏拉图、丘吉尔等人的六句名言，以及夸父追日、精卫填海、愚公移山等六个典故，同时结合个人经历、就业形势等，深入浅出地阐述了竞争、成功、期盼三个主题。课堂上气氛热烈，掌声不断。课后，胡庆阳同学说："家长进课堂活动真正使家长了解了学校，使我们理解了家长，加强了学校、家长和我们之间的沟通，十分有利于我们健康发展。"

"我能为孩子上一节课，感到很兴奋，上好一节课真是不容易。这次我对自己的孩子更了解了，对老师们的认识也更客观了。"学生家长解福恩如是说。

校长张文茂告诉采访者："家长是一个取之不尽的教育资源宝库，学校有了家长的大力支持，学校德育工作将取得事半功倍的效果。"

学校除开展"家长进课堂"活动以外，还组织家长委员会开展了家长听课、听评班会，家长担任德育活动评委，家长到校监考等活动，从而使学校思想教育工作形成了家庭、学校、社会三维立体教育模式。

刊发于《中国教育报》2005年1月28日第2版
原标题《河北衡水中学21位家长进校讲德育课》

新生必修:"这是我们的意志马拉松"

——远足成为衡水中学新生必修课

2006年4月30日,40公里的远足,已是衡水中学师生的第八次"精神长征"了。自1998年以来,远足就成了每一名衡水中学高一新生的必修课。

没人肯上收容车

已是中午12点了,火辣辣的太阳炙烤着大地。从早晨6点30分出发到此时已经五个多小时了,宿营地就在眼前。可此时汗水和着灰尘杀得眼生疼,衣服早已湿透,双脚开始发胀,有的已起了水泡,许多学生脚步已迟缓,一些女同学眼里泪花闪动。

四十多岁的校长张文茂步履稳健,一边走一边为学生鼓劲,见他脚上起了水泡,大家劝他上车休息一会儿,可他照走不误。学生们都说:"老师和我们一起走,我们心里感到特踏实,有老师鼓励,多大的困难也能克服。"

下午返程时,真正的考验到来了。经过中午短暂的休息,全身上下更疼了。两条腿每挪动一步都相当困难,但没有一个人愿意放弃,尽管随队医生多次动员,可没有一个人轻易上收容车。一名学生在后来的日记中写道:"没有比脚更长的路,没有比人更高的山。只要我们勇敢去面对,就一定能成功。"

一路跟行的家长

每年的远足，都牵动着不少学生家长的心，今年也不例外，在队伍中就悄悄跟随着十多个学生家长。

桃城区水务局的丁占宽是268班学生丁拓的父亲。年逾40岁的他走得汗流浃背，但他一直走在队伍中，坚持给孩子做榜样。丁拓说："我偷眼看见我爸一直跟着走，这给了我很大动力，我是衡水中学将于6月送到英国去学习交流的八名学生之一，这次远足也为我的英国之行磨炼了意志。"

队伍后边跟着一辆摩托车，281班一位学生的父母就这样一直跟到了宿营地。中间休息时，父母多次劝说儿子上摩托车，但孩子连理都不理，吃中午饭了，父母把预先给孩子准备的美食拿出来硬塞给孩子，孩子拒绝了，他拍了拍胸脯："爸、妈，您看我这不挺好吗？我来时一路打旗，回去我还打旗！"

下午远足队伍踏上归程前，学生们把沿路散落在地上的矿泉水瓶、塑料袋等捡得干干净净。学校为此还专门配备了一辆垃圾车。

刊发于《河北日报》2005年5月18日第10版

原标题《"这是我们的意志马拉松"——远足成为衡水中学新生必修课》

自我教育:"拒绝公车接送"活动与学生自治

"第一,主动拒绝父母的溺爱,奉劝父母廉洁自律,远离一切腐败行为,自觉抵制腐败现象,坚决拒绝公车接送;第二,自己的事情自己做,从身边做起,从小事做起,不依靠父母,不盲目攀比,以实际行动投身其中,营造一个拒绝公车接送的良好氛围……"

这是我校学生会发出的"拒绝公车接送"活动倡议书,也是一份自律承诺书,旨在配合学校和市纪委联合开展的"反腐倡廉"主题专项活动。自此,每逢学生放假离校或返校期间,学生会成员总要到校门外值勤,或是疏导交通,或是查询质疑,或是抄查车牌等。很快,校门口接送学生的公车不见了,道路变得更加畅通了。

查处公车接送、疏导门前交通、维持就餐秩序等,都是校学生会值勤制度中的重要内容。推行这一制度,主旨是为学生创设一个更加宽广的自治舞台,相信学生、尊重学生、依靠学生,通过学生教育管理周围的同学,提高学生自我认识、自我教育、自我克制的能力,从而使学校管理焕发勃勃的生机和生命的活力。

苏霍姆林斯基指出:只有能够激发学生进行自我教育的教育,才是真正的教育。校学生会值勤制度的推行,恰恰是这一教育思想的体现。因为,学生在值勤过程中,不可避免地会遇到各种冲突,在解决这些矛盾和冲突中,常常会感触到挫折的意义或是享受到成功的乐趣。正是由于经历了这种强烈的体验,学生才感受到了自己的责任和使命，并激发出强烈的主人翁意识，从而更加主动地进行自律自省，更加积极地参与自主管理，更加从容地应对未来社会。

我校原学生会主席王岳赞在日记中写道："在学生会值勤的日子，是一段充实而圣洁的生命体验，它让我真正理解了什么是自律、什么是坚强、什么是尊重、什么是幸福，它让我不断反省自己、挑战自己、超越自己，并由此养成了良好的习惯、宽容的品质……这是我受益终身的一笔宝贵财富，必将使我的人生之旅更加精彩灿烂。"

在管理中学会理解，在理解中懂得责任，在责任中唤醒向上，在向上中学会自律——衡中学生会正让更多的同龄人享受自治，学会自律，走向成功。

刊发于《德育报》2007年2月12日头版
原标题《"拒绝公车接送"活动与学生自治——衡水中学学生会的工作思路》

体验教育:"绿色档案"播种环保理念

绿色承诺——尽己所能,不计报酬,关注环境,参与环保。践行志愿精神,传播可持续发展理念,为开创一个没有污染破坏、人与自然和谐相处的"绿色文明"新时代而贡献力量!

绿色行动——10月21日上午,带领三名绿色行动志愿者到衡水湖区捡拾垃圾六袋;10月22日下午,帮助王晓同学及时调整考后心理状态,使其始终保持一个"绿色心情";10月22日晚休时,及时关掉了水房里的水龙头……

绿色宣传——10月28日上午,带领五名绿色行动志愿者到衡水湖区发放环保宣传资料361份,以期唤起民众对生态环境的重视。

上面是衡水中学一份"绿色档案"中的部分内容。"绿色档案"还包括绿色捐款、绿色感言、学期评定等内容。

学校为"绿色行动志愿者"建立"绿色档案",不仅仅是为了记载一个学生在校内外的"绿色行动",更是为了鼓励和鞭策学生,让他们认识到自己肩负的义务,在责任感的推动下,自觉开展"绿色行动",宣传环保理念,相互监督,自我完善,把"绿色行动"内化为自身优秀品质的同时,用一言一行潜移默化地影响和教育身边的每一个人,让每一位师生和更多的市民都来关注环保,养成良好的生活习惯和生活方式。

为了规范"绿色档案",校团委会派专人负责档案管理,并设计印发了《绿色行动志愿者活动信息表》，记录志愿者每周反馈一次的信息。绿色行动协会还定期召开主题会议，总结安排和部署相关工作。学期末开展"优秀绿色档案"展评活动，并以此为依据开展"绿色行动优秀志愿者"评选，学校在校园醒目位置张贴优秀志愿者的照片和事迹，向家长所在单位寄发学生获奖喜报。如此大张旗鼓地宣传是为了进一步督促志愿者践行好"绿色承诺"，并由此影响到学生家长乃至家长的同事，力求使"绿色行动"成为更多人每天的"固定节目"。

绿色行动协会还制定颁布了《绿色行动志愿者协会章程》《绿色行动志愿者协会承诺》，并组织开展了一系列活动，如"伸伸手、弯弯腰"主题实践活动、"绿色行动迎奥运"主题教育活动、"日行一善、日积一语"活动等，教育学生从节约一滴水、一粒粮、一度电、一张纸做起，为环保贡献一分力量，极大地促进了全校师生环境意识的觉醒，营造了浓厚的关注环保、关爱地球的校园氛围。

刊发于《德育报》2007年11月12日头版

原标题《"绿色档案"播种环保理念》

激发兴趣：让每一位学生个性飞扬

胡锦涛同志曾在清华百年校庆大会上提出：全国青年学生要"把全面发展和个性发展紧密结合起来"。随后，《人民日报》刊文指出：个性的充分发展是创新的必由之路。只有将全面发展与个性发展相结合，才能激发人的创造性，才能造就社会文明的五彩缤纷。近年来，衡水中学站在时代发展的战略高度，大力探索普通高中特色办学之路，努力改变学校育人的"行走轨迹"，积极拓宽多样化人才培养途径，着力促进学生的多元化发展，满足了不同潜质学生的发展需求，使原来单一的育人模式发生了根本性改变。

让课程创新给力个性发展

围绕学校的办学理念和育人目标，学校根据学生的个性差异、基础和能力差异，从学生实际出发，以前瞻性定位和超前性实践，探索开设了多种课程模式，如科学实验班、人文实验班、学科奥赛班、中新国际班、播音主持班以及音乐班、美术班、体育班等，各有侧重，因材施教，尊重个性，激发兴趣，给学生们搭设了个性发展的立交桥，一套具有衡中特色的新课程体系正在逐步形成。

办学理念与育人目标

办学理念：以学生的发展为本

· 衡中思考 ·

育人目标：培育复合型创新人才

科学实验班为科学素养较高、擅长理工科的学生打通了一条新的成才途径，老师们独树一帜、不同凡响的个性化教学，给了学生更多的自主学习、自主思考的空间，为培养具有深厚科学素养的拔尖人才开创了一条新路。人文实验班以培养未来具有科学素养和理性批判思维能力的业界领袖的目标整合课程，为学生的生涯规划和个性发展提供了广阔充分的时空。学科奥赛班设置了适合不同兴趣学生的课程，为对某学科有强烈兴趣倾向且学科优势较为突出的学生开辟了成才之路。中新国际班配备了由中外教师组成的优秀师资团队，学生们通过在中新两国三年的高中学习，考试合格者可直接申请到国外一流大学就读。此外，学校还与英、美多所著名中学互派学生交流，为学生的学习提供指导和帮助，努力使其成为具有国际化视野、国际化能力的优秀世界公民。

为切实满足学生们的学习兴趣和欲望，促进学生的全面发展和个性发展，学校按照以校为本、以师为本、以生为本的原则，挖校本之源，集校本之优，补课程所缺，供课程所求，创造性地开设了六大类80多门校本课程，如青春成长类的《学生职业规划》《我的青春我做主》等，科技探究类的《Mathematical 软件与数学》《算法与程序设计》等，地方特色类的《内画制作与欣赏》《走近衡水老白干》等，其中很多课均有100余名学生选修。同时，这些选修课全部实行了"走班制"，学生流动上课，自选感兴趣的教师和课程，心情更加愉悦，学习兴趣更加浓厚，学习欲望更加强烈。丰富多彩的校本课程，不仅让学生学到了感兴趣的知识，拓展了视野，张扬了个性，而且也让学生们感觉高中生活变得更加充实、更加多彩。

学校校长张文茂说：选择一种课程，就是选择一种未来。课程越是个人"选择"的，越显现出"个性"，其潜质就越能释放出来。实践证明，给不同潜能学生多一种选择，就多给了一个脱颖而出的机会，多给了一个不一样的未来。

让兴趣在校园里自由生长

衡水中学的课程模式为学生提供了多种选择，更值得一提的是，虽然也要面对高考的压力，但学校却以校园活动多而著称，这也是发现与满足学生的兴趣、促进其自主和个性化发展的亮点举措。

学校根据学生发展的实际需要，每年都要为学生量身设计50余项主题精品活动，如八十华里远足、18岁成人仪式、校园歌手大赛、天文观测活动、漫画创作展评、手工作品比赛、父母职业体验活动以及文化节、艺术节、体育节等，内容涉及科技、文化、艺术、体育、历史、政治、经济、心理等诸多方面，给学生创设了一方展示自我的舞台，增强了学生探究某一"未知"的兴趣，发展了学生某一领域的特长，提高了学生的综合能力，促进了学生的多元化发展。

另外，为激发学生争当先进的强烈欲望，给更多同学创造演绎精彩的平台，提高学生成长的自主性和自觉性，学校还创新地开展了一些个性活动，如"百、十、一"活动评选等。

百

百名优秀学生宿舍长

百名自主管理志愿者

百名绿色行动志愿者

……

十

十大道德模范

十大杰出学星

十佳班长

……

一

创意之星

才艺之星

环保之星

阳光之星

……

"百、十、一"活动评选中的"一"即每个年级每周评选一名"校园之星"，无论是班干部，还是学困生，人人平等，人人可成为"明星"，都可以获得掌声和仰慕。由此，学生自身所拥有的某些闪光点被无限放大，并且进一步得到了强化。

为配合各种评选活动的开展，学校还改变了评选办法，由学生根据自己的兴趣和特长自主申报，虽然这仅仅是一个小的变化，却激发了学生主动发展、个性发展的原动力，进一步培养了学生的创新意识和领袖气质。同时，学校还开辟了多个教育基地，如衡水湖湿地、习三内画馆、污水处理厂等，让学生走进各行各业，亲身体验与感受，思考人生的价值。

此外，《衡中时空》让学生激扬文字，尽显才气；校园广播台，让学生纵论社会、指点江山；形体房中，优美的旋律，翩然的舞姿，让学生自由伸展；"英语沙龙"的"七嘴八舌"魅力无限……

于是，便涌现出了一大批出类拔萃、富有个性的人才，如被北京体育大学特批不参加2011高考而提前录取的运动员刘浩、全市最小的幻想小说作者刘婧、

全市最小的长篇小说作者何天白、全国高中化学竞赛金牌得主赵重光、全国中学生物理竞赛金牌得主张翔宇、全市首位中国青少年科技创新奖获得者刘昭……

袁贵仁曾指出：多一把尺子，就会多一批好学生。笔者认为：多一个舞台，就会多成就一批人才。丰富多彩的校园活动，让学生始终跟着兴趣走，他们由此品味了人生，感悟了生命，更为重要的是个性得到了自由自在的生长，而这不正是真正意义上的教育吗？

让每一个想法都能够绽放

为培养学生的创新精神和实践能力，衡水中学特别注重鼓励学生有想法，努力创设一切机会和各种条件，力求把学生们培养成有思想的人。目前，30多个学生社团活跃在校园里，心协编排的心理剧把成长的舞台还给了学生，创新发明训练营让学生内心的设想得到了实践，衡水湖生态考察、机器人设计制作、日月食观测活动、动漫设计竞赛等，均由学生独立组织策划，发展了学生的强势思维，营造了一种积极思考、自由探索、敢于创新的文化氛围。

绽放心中的梦，从此与众不同。校园心理剧大赛是学校心理健康志愿者协会组织的一项特色活动。活动中，学生们以生活、学习、交往中发生的冲突、烦恼、困惑等为素材，采用小品表演、角色扮演、情景对话等方式，自编、自导和自我表演，把心中想说的"大道理"灵活表现出来，从中学会解决问题的方法，并悄然改变观众们的心境。这样，就把成长的过程、空间还给了学生，让学生充分表达自己的观点和立场，这对学生构建积极向上的心态意义重大。整个活动历时三个月，对参演同学来说，准备的过程就是实践个人想法的过程；而对观众来说，则是一次卓有成效的心理辅导。此外，该社团组织的会徽设计大赛、心理健康周活动等，都给了学生自由发展的舞台。

另外，创新发明训练营各项活动的开展，唤醒了学生内心深处的创造冲动，使他们的创意和想法得到了精彩展示。如该社团组织的"鸡蛋撞地球"比赛，学生们三人一组，自主设计方案，自己制作装置，然后，把装好鸡蛋的装置从五楼扔下来，测试其能否对鸡蛋产生有效保护。一个个科学合理、形态各异的小作品，无不包含着学生颇具创意的想法，活跃了学生思维，也让他们充分体验了动手的快乐。

这几年，学生的很多创意都得到了实践，而且部分成果还在各级各类比赛中获了奖，如衡水湖生态考察队成员的活动成果《走入衡水湖，探索湿地奥秘》喜获全国青少年科技创新大赛十佳科技活动奖、DV作品《衡水湖部分水域不冻之谜》获首届全国青少年科学影像节展评一等奖……

学校自主管理志愿者协会的成立，也是激励学生产生想法的一个高招。对于学生平时的常规管理，学校精心挑选出一些学生可独立去做，或是由教师指导可以做的事情，直接提供给该社团，由学生中的自主管理志愿者去落实。这样，就改变了过去硬性摊派任务的方法，转而代之的是给学生提供自主管理的机会，让学生自主选择、自我服务和教育，因人而管，因材施方，学生的很多想法在校园里开了花、结了果。这一做法，不仅减轻了管理者的负担，而且创造了帮助学生寻找想法的条件，使其别出心裁、富有创意地去完成任务，更好地实现学校的育人目标。

"没有不好，只有不同。"衡水中学的多元化特色办学，让学生们有了很多选择的机会，也让学生的个性有了张扬的舞台，这是符合教育规律的，更是适合未来社会的。在这块承认差异、充满包容的天地中，学生的想象力和创造力不但没有被抹杀，反而放射出更加强烈的光芒。

刊发于《消费日报》2011年6月15日B4版
原标题《让每一位学生个性飞扬》

激励教育：在行走中播撒"爱"的种子

2600余名高一学生，历时10小时，行程40公里，这不寻常的远足，被衡水中学校长张文茂称为"砥砺意志的长征"。作为学校道德教育的"保留课"，这项活动自1997年以来每年开展，持续至今——

"40公里，青春飞扬，体验长征艰辛，用激情塑造自我，用信念铸就辉煌。"近日，衡水中学2600余名高一学生高喊誓词，整装出发，开始了一次被校长张文茂称作的"砥砺意志的长征"。

几小时后，肆意飞扬的青春激情不免在骄阳下、长路上"打了蔫"。此时，走进略显疲惫的远足方阵，你却能察觉到一些微妙的变化和温暖的细节。"水还够吗？喝我的吧。""再加把油，可不能给班级拖后腿。"……"好的道德教育，不是空洞无味的说教，也不是脱离实际的生搬硬套，而是用富有生命力的活动来吸引学生的主动参与，在活动的过程中巧妙地融入多元教育意图。"张文茂说，"只有这样的教育，才会让学生获得心灵的震撼，久久不能忘怀。"

显然，这不是一次简单的远足，而是一堂深刻的德育课。

体验教育，从第一次磨出的水泡开始

"从来没有走过这样长的路。归程是最艰难的，当脚开始疼的时候，当小腿要彻底麻木的时候才知道，这才是真正的考验。"汗流浃背、一身尘土、脚上磨出水泡，和许多同学一样，494班的李一凡是唱着歌出发，咬着牙回校的。"还

有多久才能回到学校？"一路上，李一凡不断地问着随行的老师。"还有不到半小时了。"老师口中总是同样的答案。"最累的时候，只盼着下一步就能跨越终点线。心里默默喊着：坚持，坚持，再坚持。"李一凡在当天的日记里写道，"当坚持到最后时，才发现自己的强大，没有任何困难可以阻挡。一路上披荆斩棘，通向成功。"

学生们收获的不仅仅是脚上的水泡和"没有比脚更长的路"的感悟。"清晨，我们在微风中，踏着风儿前行，一路高歌；正午，我们在烈日下，顶着骄阳迈步，决不停歇；归程，我们在疲惫里，相互鼓励着坚持，永不放弃。没有一个人掉队，没有一个人退出，我们用实际行动证明了什么是团结如山，什么是坚毅如铁。"494班丁一峰的远足记忆里，写满"团队"和"荣誉"。

返校后，许多学生相拥而泣："远足不仅磨炼了我们的意志，而且让我们体会到相互支持的温暖！"

在感受彼此的支持与温暖之时，学生们也用自己的方式传递着更为广泛的关爱。"你瞧，几千人走过去了，这路上可一点儿垃圾都没有。"衡水湖畔，一位农民对着学生们的背影竖起大拇指。

爱国、爱环境、爱集体、爱自身的责任与使命……各种教育融入苦与乐的体验中，"爱"的种子悄然播下。

成长教育，从第一次积极的担当开始

"育人是一项长期而细致的工程，不能指望通过一两次活动就有一劳永逸的效果。"在衡中，这样的一种理念已经形成：必须营造一种学生积极参与的、充满激情的"教育场"，唤醒学生的主体意识，增强学生的道德观念。

与远足一样经久不衰、直抵心灵，成人礼是衡水中学又一别具特色的标志性德育活动。五一前夕，第十三届成人礼在学校礼堂举行。

送上"成人蛋糕"、颁发"成人纪念章"以及《中华人民共和国宪法》,由老师或家长为学生戴上"成人帽",学生向师长鞠躬行"拜谢礼"……

"牢记师长嘱托,不负家长厚望,用诚信对他人负责,用爱心对家庭负责……"在成人礼的宣誓中,责任与担当写进每一名学生心中。"成人礼给了我一个契机,使我重新思考了一下自己的人生,想一想父母、老师为我付出的一切,想一想这个社会给予我们的一切,想一想我要如何走好我的人生之路。"468班的薛东晓说,"成人礼设定了我新的人生起点,一个属于感恩、责任、自强的人生起点。"

"必须摒弃说教式、灌输式的德育模式,开展寓教于乐、形式多样的道德实践活动。"在这种理念指引下,"学校是我家,我们都爱她"主题实践活动、"诚信在我校,责任在我身"主题实践活动、"拒绝公车接送"等系列活动在衡水中学不断开展,十大杰出学星、校园之星、十佳班长、十佳宿舍长、十佳环境卫士等一批品学兼优的优秀学生成为校园偶像。

德育首先要以学生发展为本,应该将调动学生的积极性、激发学生的创造性、促进学生的全面发展等一系列理念运用到道德教育中来。唯有如此,才能培养出全面发展的有用之才。

刊发于《河北日报》2012年5月13日
原标题《在行走中播撒"爱"的种子》

附：学生代表

14岁少年考入中国科大

还有一个月就满14周岁的衡中学生吴瑞阳，今年以理科622分的高分，在全省12名参加中国科技大学少年班考试的学子中脱颖而出，成为唯一一名被录取者，也是今年中国科技大学少年班招收的年龄最小的大学生。8月底，这位稚气未脱的少年将走入大学殿堂。他的成才之路给我们怎样的启示？7月26日，我怀着探究的心理和瑞阳父子进行了一次谈话。

"我不赞成称孩子'神童'，每个孩子的潜能是很大的，就看你是否懂得挖掘。"瑞阳的父亲吴占海说，"启蒙贵乎早。我们在感觉瑞阳能够接受的第一时间，就开始教他说话、识字和一些生活常识，还着重培养孩子的自理自立能力。"

教育的契机无处不在，邻居们常常看到父亲带着小瑞阳骑车到田野踏青、回农村老家或去踏雪寻趣，父子俩一边走一边交流。小瑞阳脑瓜里装满了数不清的"为什么"。日积月累，小瑞阳的观察、分析、推理、综合等各种能力飞速发展。

瑞阳是棵独苗苗，但父母对他并不溺爱。小瑞阳刚刚能够端起饭碗、拿起筷子时，父母就放手让他自己吃饭了。小瑞阳小学二年级时刚刚7岁，就敢自己买票乘公共汽车到市里的新华书店看书了，星期天他一看就是半天。在衡水中学上高一时，瑞阳12岁了，同年级的学生比他大四五岁，可一年一度衡水中学特有的40公里"远足"，瑞阳竟然全程走下来了。

"他很少让人操心。"这是父母眼里的小瑞阳。

吴瑞阳小学只上了四年，初中上了两年，高中上了两年，完成了"三级跳"。第一次跳级是小学四年级时，父母发现他在学校组织的每次统一考试中几乎都是

第一名,从小学四年级跳到五年级后,也是名列前茅。虽然求学之路缩短了里程,但父母注重他的心理培养,发现他的性格弱点,及时"补课"。瑞阳有马虎的毛病,父母让他从整理自己的书包开始,培养其严谨认真的习惯;瑞阳胆小,父母就在星期天带他到衡水湖、铁路线附近空旷处"练嗓子",通过高声喊叫来锻炼旷达的心胸,居然很见效。

小瑞阳不是那种高分低能的学生,上学几年来,他连年被评为"三好学生"和"优秀少先队员"。他还特别关心国家大事,谈论起国家大事来头头是道,被同学们取了个外号叫"四寸不烂之舌"。

刊发于《河北日报》2005年8月4日

原标题《14岁少年考入中国科大》

第四章
外界怎么评

目前全国很多学校包括跑操在内的德育模式都有衡中的影子。一所学校的成功不仅仅是声誉鹊起,更关键的是它的影响力和带动力。

学习来访：衡水中学电话铃声不断

《中国教育报》9月21日至24日连续刊登了反映河北省衡水中学素质教育经验的报道《素质教育更能提高升学率》和《一个教育函数式的解读——河北衡水中学探秘》之后，在各地引起强烈反响。到9月27日，已有14个省、市的40多个市、县教育局和学校致电衡水中学要求听课学习，现有7家单位已经赶到衡水现场取经。

江苏省、天津市、广东省和河北省的部分市、县和学校已下发文件要求全体校长、教师，学习衡水中学的经验。如河北省峰峰矿区教育局负责人看到报道后，专门向区委、区政府做了汇报，并于9月26日召开全区校长会布置学习。教育局还决定于10月底带领校长到衡水中学取经，并选派年轻优秀的中学校长到衡水中学挂职学习。

一些教育行政领导，特别是中小学校长对衡水中学的经验发表了许多感想。

河北峰峰矿区教育局副局长赵立新说："这篇报道使我们长期以来探索的问题找到了一个正确的答案！"

石家庄市第十九中学还专门召开了全校教职工大会，校长李云江亲自做了学习动员和辅导。

此篇报道还在部分师范院校引起较大反响。目前已有河北、陕西、内蒙古等地的部分师范院校致电衡水中学，要求科研合作或邀请衡水中学校长前去讲学。

该报有关衡水中学的报道也引起了中央电视台、中国教育电视台、《人民日报》《中国青年报》等媒体的关注。

刊发于《中国教育报》2002年10月

原标题《中国教育报关于素质教育经验报道引起强烈反响：衡水中学电话铃声不断》

政府表彰：弘扬衡中精神　加快衡水发展

近年来，谈起教育，谈到孩子，衡水中学就成了全市人民议论的热点话题之一，衡中精神撼动人心。本报自今天开始，连续刊发有关衡水中学办学经验的新闻报道，从不同侧面、不同角度，挖掘了"无私奉献、顽强拼搏、团结协作、强力争先"的衡中精神，展示了衡水中学所取得的丰厚教育教学成果。

今年9月，中共衡水市委、衡水市人民政府下发了《关于对衡水中学予以表彰的决定》，要求全市广大干部群众向衡水中学学习，为建设繁荣、富强、文明的新衡水做出应有的贡献。面对新形势、新任务、新目标、新要求，我们衡水的国民经济必须继续实现新的突破，这对全市各行各业都是一个新的机遇，也是新的考验。市委适时确定"三步走"战略，顺应了发展大势，也符合衡水百姓的期盼。在这样的关键时刻，衡水中学以实施素质教育、提高教学质量的经验在全国推广，高考成绩已连续五年全省折桂，并成为享誉省内外的全国名校，这为我们树立了在新的阶段如何加快衡水发展的学习楷模。

1. 弘扬衡中精神，加快衡水发展，就要向衡水中学学习那种团结一致、密切配合、追求卓越的团队精神。

这种团队精神最可贵之处就在于为了一个宏伟目标，达到共同目的，齐心协力、上下同欲、心无旁骛、一往直前。只要我们有了这种"人心齐、泰山移"的团队精神，任何困难也不能阻挡我们前进的脚步。

2. 弘扬衡中精神,加快衡水发展,就要向衡水中学学习那种爱岗敬业、舍小家、顾大家的无私奉献精神。

这是他们打造品牌、实现跨越式发展的制胜之道、制胜之术。正是由于衡中人有了这种精神，才换取了一个个胜利，取得了一次次辉煌。

3. 弘扬衡中精神，加快衡水发展，就要向衡水中学学习那种顽强拼搏、敢打必胜的进取精神。

与省内其他一些名校相比，衡水中学在生源上没有一点儿优势，而且还有差距，但他们咬定目标不放松，不达目的不罢休，以超乎寻常的艰辛和努力，创造了一个"高考的神话"、一个"教育的奇迹"。

4. 弘扬衡中精神，加快衡水发展，就要向衡水中学学习那种尊重科学、思想前卫、锐意改革的创新精神。

为适应普通高中阶段教育的新形势，衡水中学把"从大局出发、以事业为重、对未来负责、为师生着想"作为班子的座右铭，并以先进的理念在全国第一个提出了"素质教育更能提高升学率"、首次提出了"把学校建成一个精神特区"的构想，这是班子成员解放思想、求真务实，尊重科学、与时俱进的结果。衡中精神是衡水中学获得大发展的决定性因素。全市各行各业只要拥有了衡水中学这种精神，也就必然会取得更快的发展。发展是全市人民的共同愿望，发展也同样需要全市上下的共同努力。只要我们进一步弘扬衡中精神，抢抓机遇，把握规律，开拓创新，乘势而上，我们一定会用自己的双手创造衡水更加美好的未来。

刊发于《衡水日报》2004 年 11 月

原标题《弘扬衡中精神 加快衡水发展》

裂变效应：衡水中学探源

之一：一石激起千层浪

她第一个提出了把学校建成一个"精神特区"的理念，打造了一个"绿色"的家园；她透彻地阐释了实施素质教育更能提高升学率的真理，创造了一个教育的奇迹；她在全省高考中连续五年独占鳌头续写着耀眼的辉煌，书写了一个高考的神话；她与时俱进的发展之路就如同一本散发着馨香的书籍，叙述了一个朴实的故事。她就是河北衡水中学。

地处冀南大地的衡水中学始建于1951年，是河北省首批示范性高中。由于历史的原因，在河北省所有示范性高中之间，衡水中学的生源范围、生源素质几乎是最低的。然而就是在这样一个让人看似教育"贫瘠"的土地上，衡水中学以她坚韧不拔的脚步和勇于创新的精神，创造着一个又一个奇迹，书写着一个又一个历史。

自2001年始，学校先后有50余名学生考入清华大学和北京大学，有近3000名学生跨入全国重点大学，特别是2004年高考，学校有5名考生闯入全省文理科前10名，有24名考生闯入全省文科前100名，占全省的1/4；有12名同学进入全省理科前100名行列，有50名同学进入全省理科前400名行列，占全省的1/8；600分以上的高分考生662人，重点大学上线人数847人，有19名考生迈入了清华园和燕园，这一组数字创下了衡水中学乃至衡水市高考历史之最。一所普普通通、名不见经传的学校，在短短几年的时间里，一跃成为河北省升学率最高,清华大学、北京大学在河北省最大的生源基地之一,令所有人无不感到惊奇和赞叹,人们都把这种现象称为"衡中现象"。

居高声自远。2002年9月,中国教育界权威性报刊——《中国教育报》采访到衡水中学的典型经验后,在头版头条的位置以《素质教育更能提高升学率》为题,对衡水中学积极实施素质教育、全面提高学生素质之路的情况做了报道,随后又以整版的篇幅连续四天详细介绍了衡水中学的办学经验和做法。一石激起千层浪,一场在全国教育界产生的振荡波持久、强烈地蔓延着,它犹如一朵美丽绽放的花朵散发出迷人的芬芳,吸引着来自全国各地教育精英们的目光,衡水中学也由此蜚声国内外,像磁石一般吸引了来自四面八方的"取经"者。

自2002年国庆节后,东到胶东半岛,西到新疆喀什,南到中缅边界的云南丽江,北到黑龙江漠河,全国各地参观、考察衡水中学的教育界人士蜂拥而至,他们抱着同一种心愿,带着同一种目的,从大江南北走来,从五湖四海赶到。

广东湛江市教育局来了,他们四次专门包乘飞机到衡中考察。来自发达地区的客人们对这里的一切赞叹不已:"衡水的经济不如我们那里,而我们那里的学校却远远赶不上你们。这里的设施很现代化,教学楼内有电梯、教室内有中央空调,在广东也很少有学校配有这些设施。"

江苏十大名校之一的泗阳中学考察团来了,校长唐善山在参观后感慨地说:"衡水中学提出一所学校如果真正实施素质教育,不仅不会影响提高'升学率',还会有力地促进'升学率'的提高,有效地解决了素质教育与升学率的矛盾。"

山西太原师范学校参观团来了,老校长石传祥显得异常激动:"我搞了一辈子教育,能辨别真经与假经,衡水中学的教学改革真是名不虚传,学生兴趣浓厚,学得主动,课堂容量大,效果非常好。"

河南郑州九中考察团也来了,校长李福生在总结会上对全体教师说:"衡水中学不管是学校管理还是课堂教学,都充满着丰富多彩的人性张扬,他们用

自己的聪明才智谱写了一个教育的神话,这个神话给人的唯一感觉就是厚重和坚实……衡水中学是素质教育的开拓者、实践者、成功者。"

在衡水中学繁忙的接待日里有这样的记录,2002年10月18日这天学校共接待了全国各地的教育专家、中小学校长和教师500余人。在介绍办学经验时,衡水中学能够容纳450人的学术报告厅竟无插足之地。听课时,教室里更是爆满,很多客人只好在窗外站着听,大家如醉如痴,一站就是一节课。

参观人流不断地在校园中涌动,一拨还未离开,一拨又风尘仆仆地赶来。由于要求来参观的单位太多,衡中不可能一下全部接待,于是为了能够及早到衡中参观考察,不少学校纷纷"走后门"想提前到衡水中学"取经"。有的通过市教育局领导,有的通过市领导,甚至有的找到省教育厅和国家教育部领导,请他们帮忙"联系"尽快到衡中参观学习。

在衡中校园里,你经常会看到这样的情景:前来参观的来宾们边走、边看、边听、边问,拍照的、录像的、做笔记的……忙得不亦乐乎,大家都十分珍惜来衡中学习的机会,都力求更多地了解衡中、解读衡中,把衡中的经验真正学到手。

到衡水中学考察的最高日纪录竟达1000余人,而截至目前,全国除港、澳、台外,已有30个省、市、自治区的7000余家单位的47000多名客人到衡水中学考察学习。粗略算来,除去假期等影响,衡水中学平均日参观量近200人,这个数字不能不令人吃惊。其涉及省份之多、影响范围之广、参观人数之众创造了衡水教育史上新的之最。

衡水中学的名字越传越响,"衡中现象"也引起了越来越多人的关注。内蒙古自治区阿拉善盟副盟长乌兰、江苏泰兴市副市长奚爱国、山西临汾政协副主席成继东、河南武陟县县长刘德法等很多行政领导亲自率团到衡水中学"探根求源"。前不久,河北廊坊市更是由市长、市委副书记、人大常委会主任、政协主席四套班子主要领导带队,率所属县、市、区领导一行62人来到衡水中学参观、考察。

全国一些省、市特意把教育工作会的会址定在衡水，实地考察学习衡水中学经验。河南省素质教育现场会、河北沧州市教育工作会、河北廊坊市教育工作会等先后在衡水中学召开。此外，黑龙江鹤岗市教师进修学院、辽宁铁岭市教师进修学院以及教育部组织的全国数学骨干教师研修班等全国许多教师进修学院也纷纷组团到衡水中学进行实地考察培训。

山西太原三十中、内蒙古达拉特旗十中等全国几十所学校还把联合办学的橄榄枝抛向衡水中学。河北赵县第二中学在给衡水中学的信中写道："贵校的管理模式更实在、更全面、更能发展学生的能力、更能大面积提高教育质量、更符合素质教育的真谛。我们的构想是：贵校向我校输出管理……一花怒放不是春，百花齐放春满园。到那时，贵校在中国现代化的历史进程中功不可没，将名垂青史！"2004年10月，全国著名教育改革家魏书生曾长期工作过的辽宁盘锦高级中学，其现任校长也亲自来到衡水中学，要求结为友好学校，相互交流教改信息和高考信息，并派校级和中层干部到衡水中学挂职锻炼。

河南省教育厅、山西省教科所、山东无棣县、河北唐山市等全国许多省、市、县教育局、科研单位、重点中学、高等师范院校纷纷邀请衡水中学校长前去讲学。最近两个月来，衡水中学又先后收到了天津市教科院、浙江大学、山东大学等十余所单位的来电和来函，邀请张文茂校长前去做学术讲座。山东聊城、山西运城等市还由副市长亲自出面多次进行了邀请。2003年3月，由山西省教育学会、山西省教科所在太原组织召开的"河北衡水中学素质教育模式现场观摩研讨会"，与会者达到了2000余人，据大会组织者说，这次会议他们计划组织500人参加，会务住宿安排了三家宾馆，但会议报到人员之多，令他们措手不及，不得不设了10个分会场举行，住宿安排也扩大到9个宾馆。

"学衡中、建名校"，已成为全国许多学校追求的目标。各地的教育行政部门和学校为了学习方便而把衡中经验辑印成册。

在山西省定襄县教文体局印发的册子上，该局局长石效忠这样撰写的前言："……读了这篇探秘报道，我一直沉浸在衡水中学的天地中，从早到晚，从走到坐，从吃到穿，时时事事处处都在思考衡水中学……可以毫不隐讳地说，这篇报道是我订阅《中国教育报》十年中感到最有价值、最值得拜读的一篇。"

甘肃天水市教育局为组织学习衡中经验，专门给全市3万余名教师每人辑印了一本有关衡中经验的小册子。从衡水中学参观返回后，他们又组织300余人封闭学习三天，随后又组建宣讲团，到各中小学校介绍衡水中学办学经验。江苏泰兴、湖北武穴等几十个市教育局和学校还专门下发红头文件，对学习衡水中学办学经验提出了具体要求。

与此同时，全国各地的中小学纷纷通过不同形式对衡水中学办学经验进行深入研究和学习，专题报告、封闭学习、征文大赛、演讲会以及总结体会、撰写论文……形式多样，丰富多彩。在湖北省武穴市教育局的两份教师业务考试试卷上我们看到这样的试题："简要谈谈衡水中学先进办学理念和办学经验给你的启示。""河北省衡水中学被人们称为'衡中现象''教育的神话'，你认为它是通过哪些途径提高教育教学质量的……""衡中经验"走入教师业务知识考核试题，这足以看出衡中经验的震撼力和魅力之所在。

"要把衡中经验为我所用"，山西省浑源中学"学衡中，赶衡中，促教改，创名校"活动开展得热火朝天，他们明确提出"向全国名校——衡水中学学习"的口号。河南南乐一中响亮提出要"学习衡水中学——培养学生的高远目标意识，为他们的终生幸福负责；培养学生的竞争进取意识，为他们的终生发展负责；培养学生的处世坚强原则，为他们驾驭明天负责；培养学生的良好行为意识，为他们学会做人负责"，并由此掀起了一场轰轰烈烈的"学衡中"热潮……

衡水中学就是我们学习的榜样。2002年11月28日，《长葛日报》在头版以《学习衡中经验》为题目，刊登了该市七所中学学习衡中经验的具体安排和要求；11

月30日，《新疆教育报》以整版篇幅刊发了乌鲁木齐市第六中学校领导及教师学习衡水中学办学经验后的真实感受……今年春季，美国加州大学伯克利分校中国学生学者联谊会对中国各省、市、自治区的中学进行了一次排名，衡水中学赫然荣登河北省榜首。

为什么一个经济欠发达地区在教育上能够成为领跑者？

为什么一个学校可以在生源范围、生源素质很低的情况下创造教育的奇迹？

为什么在其他学校没有做到通过素质教育提高升学率的办法在衡水中学实现了呢？

一连串的问号、一系列的迷惑让来衡水中学参观学习的教育界人士趋之若鹜。当真的走进衡水中学之时，当融入充满激情的校园生活之后，这一切的迷惑和不解也逐渐变得清晰和明朗起来。

之二：一个好班子就是一所好学校

"一座不垮的大厦，必定有挺拔的栋梁；一个不倒的巨人，必定有刚直的脊梁。"衡水中学能够在短短十年之中由一个二三流的普通中学，成长为一个在全省，乃至全国教育界都有较高知名度的重点中学，取得高考连续五年位居河北省榜首的佳绩，固然与衡中师生们的共同努力是分不开的，更重要的是，与其拥有一个率先垂范、殚精竭虑和远见卓识的领导班子是密不可分的。

一个好班子就是一所好学校。在衡水中学这个团结战斗的领导集体里，班子成员之间互相支持、互相补台、互相尊重，顽强拼搏，负重奋进，十年来始终践行着"以事业为重，从大局出发，为师生着想，对未来负责"的班子座右铭，带领着广大师生攀越着一座又一座高峰。

"当领导不是事事发号施令，而是要以身作则，当好表率，搞好服务。"校长张文茂语气平和，不紧不慢，但逻辑分析能力强，句句入情入理，深沉凝重，

令人难忘。"老师们所关心的、所需要的,就是我们本届班子所要做的。"他向采访者强调着他在任职大会上的宣言,而这也许就是衡中的教师那么敬业、那么无私奉献的源泉所在吧!

2002年,当时还是副校长的张文茂带领老师们到江苏考察。临行前,他就感觉到腿部非常疼。但由于衡中的老师们历来都是利用周末的时间外出学习考察,因为怕耽误了老师们赶回学校上课,他就想等回来后再去检查。这一走就是三天,行程1000多公里。考察结束时,他的腿疼得已经不敢迈步。等到去医院检查时,医生说是腿部静脉栓塞,再晚来半天后果就严重了。为此,在学生和老师眼中健康伟岸的张文茂不得不在医院里躺了半个月。但就是在这种情况下,出院后的当天,他的身影又出现在校园里。

前不久,衡中的一名学生因违反校规受到了学校的处分。学生家长和张文茂是多年的好友,心想这点儿小事还不好办,于是这位家长满怀信心地找到张文茂要求通融一下。没想到张文茂却说:"如果我自己都不能执行校规,不能坚持原则,那我只好辞去这个校长了。"见状,他的好友也无话可说了。

最近,学校为了给早起跑操的学生照明,特意在校园里安装了射灯。但是,由于安装工人操作的失误,当天晚上12点多,射灯就早早亮了起来。工作结束准备回家的张文茂发现后,为了省电及时通知电工关掉了灯。这虽然是一件小事,但不难看出,张文茂是能省就省,豪放中透出细致和严谨,体现了这位校长质朴、务实的作风。

在衡水中学这样的事情并不罕见,也并不是现在才有的。

上一任校长李金池就是衡水有名的"拼命三郎"。2002年4月,李金池外出考察,天天是早午晚赶路,正点考察学校。考察到第三天时,他感觉腰部疼痛难忍,但是他依然坚持着,继续进行考察,一直到第五天,他预定的考察任务完成时,他的腰却已经疼得直不起来了。回到衡水经过检查发现,由于长时间坐车颠簸，竟导致了椎尾骨断裂。但就是在这种情况下，李金池也没有休息一天。在衡水中学，虽然领导班子有了更迭，但难能可贵的是这种工作精神却依然存在着、延续着。

在衡中，没有"一言堂"，没有"家长式"作风，学校无论大事小情，都是通过集体研究表决。像分房这样的重大事情，均由教代会民主决策，研究制订方案进行分配。今年暑期，为了方便学生的生活，衡中准备在校内建立一个超市，消息一传出，好几家超市托关系走后门想要来经营。"公开竞标，必须保证商品品质，而且利润率要低于校外超市。"最终经过竞标，确定了经营业主。

在衡水中学，领导是没有什么特殊的，如果硬要说有的话，也就是他们"特别能吃苦，特别能战斗"。他们以奉献为荣，以奉献为乐，甘愿奉献，不求索取。在他们中间，奉献已不再是一种口号，而成为一种义务和责任。

衡水中学的班子成员经常是目光向下，他们对深入一线研究和调查有着独特的情结。只要不出差，他们总是和学生们一起起床，一起上操，学生上课期间，他们又会到教室、宿舍、餐厅和备课区……去听听，去看看，去查找不足，去发现问题，去解决问题。夜深了，当校园里的灯光次第熄灭的时候，几位校长的办公室依旧灯光明亮，他们还在分析当天的调研情况，谋划着新一天的工作。我们问他们这样累不累时，校长张文茂却幽默地说了一句："有压力是一种享受，我把工作当成一种乐趣，是在享受工作。你说累不累？"

在衡中，每个星期五的晚上7点10分召开校长办公会，按常理这正好是晚饭后时间，然而由于工作繁忙，许多校领导经常是顾不上吃饭，直接就上会了。今年9月的一次办公会上，在参加会议的16位中层以上领导干部中，竟然有11人因为工作太忙而没有顾上回家吃饭。

曾有记者来采访时，试图让老师们回忆起一些校领导在工作上的一些小小的失误而受到处罚的事情，这在一般性文章里也是司空见惯的写法，正好借以说明

他们是如何令行禁止的。然而，所做的一切都是徒劳的，所有被采访的教职工怎么也想不起来校领导们有什么"触电"的事情，在他们脑海里印下的是校领导们忙碌的身影、疲惫的肩膀和那一个个令人难以忘怀的故事。

前不久的一个下午，副校长王建鹏正准备去参加班主任例会，忽然觉得头晕、心慌，而且全身直冒虚汗，但他吃了点儿药，依然坚持参加了会议。王建鹏主抓学校德育和膳食工作，于是他坚持每天5点30分起床，深入教室、食堂调研、检查，晚上学生休息后才回家，天天如此，由于长期休息不好，积劳成疾，不仅血糖高、血脂高，而且血压也高，但他从没有为此休息过一天……

2003年的春天是白色的。"非典"像个恶魔似的吞噬着人们的身体和心灵，全世界都恐慌起来。为了保证学生的安全，"封校"是衡中人唯一的选择。当这一想法还在酝酿中的时候，为了不影响工作，战胜这场瘟疫，住在校外主抓财务工作的纪委书记王治军，义无反顾地扔下家，首先搬着铺盖卷住到了学校，而且一住就是两个月，天天早起晚睡，深入师生中间查看巡视……

2003年冬天的一个夜里，一位老教师家的暖气管道漏水了，接到电话，副校长祖久春连袜子也没穿就急急忙忙地赶了过去。当看到满屋都是水，老教师一家人正不知所措时，他二话没说，挽起裤腿、光着脚就踏进了十几厘米深的水里，帮忙清水、搬家具，直到将暖气修好。祖久春主要负责学校的基建工作，为了保证工程的质量，他经常在深夜两三点起床到工地检查……

来衡水中学采访的记者们，在教师脸上看到的都是笑容与自信，听到的都是"温暖"与"感动"。

"今年我的屋顶有点儿渗水，张校长知道后立即指示总务处限时修好并向他汇报。我们的一点儿小事，校长都当作大事挂在心上，想起来我就有一种温暖的感觉。"青年教师郄会锁提起这事激动之情溢于言表。

"我们在衡中工作，只需要把学生教好了，其他问题，校领导都考虑得很周全，我们没有一点儿后顾之忧。"吴树勋老师说。

"张校长五十多岁的人了，还患有高血压，却跟我们一样早起晚睡，我们除了更加努力地工作之外，还能做些什么？能当一名衡中人，我感到很骄傲。"教务处主任康新江心中满是感动和自豪。

是的，作为一名衡中的教师是自豪的，同时更是幸福的。为了方便和丰富教师们的生活，衡水中学先后和市二幼、市二院联办了幼儿园、衡中社区医疗服务站。教师们家中水电暖出了问题就会影响老师们的工作，为此衡水中学专门推出了"维修申报卡"制度，限时解决问题。为给教师们创造舒适的业余生活环境，衡水中学建成了一个高标准的舞厅，这一下高兴得老师们合不拢嘴，现在每逢节假日他们都要唱个尽兴，舞个不停。近年来，全国先后有20余个省、市的优秀大学毕业生到衡水中学任教，为了解决他们的婚恋问题，学校工会把这件事也写入了议事日程。

荣誉代表着辛勤的汗水，也代表着一种工作被肯定后的荣耀。就在当今社会上，一些人为了给自己争取一个个耀眼的光环去想方设法费尽心机的时候，衡中的领导却是淡泊名利，把辛苦留给自己，把荣誉让给职工。

几年前，在一次全省教育会议上，与会的首批全省24所重点中学校长中，只有衡水中学的校长不是特级教师。难道是衡水中学的校长不够特级教师资格？答案是否定的。其实早在1995年，衡水中学的教育教学质量一举走上全地区第一的位置时，上级部门鉴于时任校长李金池出色的工作业绩，特别划拨给衡水中学一个特级教师名额，但他却把这个名额让给了一线教师，随后又连续两次把特级教师名额和多个国家级荣誉称号——让给一线教师。现在担任校长的张文茂也是如此。今年，上级又给了衡中两个特级教师名额，张文茂和他的伙伴们同样把名额都让给了一线的教师。今年教师节前夕，上级让衡水中学报送一名"全国模范教师"，当之无愧的张文茂校长再一次把这个荣誉让给了青年教师。他说："在

衡中,最辛苦的是一线的老师,他们付出了,就必须有回报。"

像这样的事情还有很多,比如,市里每年拨给衡中的10余万元高考奖金,全部用于奖励一线教师,校领导不拿一分一毫等。

就这样,在衡中从来没有人为奖金、为荣誉、为职务找过学校领导,没有人有厌战情绪,而这无不得益于衡中领导创造的良好和谐的人文环境。我们看到,在衡水中学,大家都是一样的精神旺盛,讲求效率,配合默契,在这样的环境里找得到做事业的感觉,找得到工作的快感,找得到作为一名教师的光荣与梦想!

刚走进衡中的青年教师赞不绝口。"在这里,校领导的关心无微不至,老教师传授经验毫无保留,青年教师勤奋敬业,如同一个温馨的家。"今年从陕西师大毕业的河南籍教师李海红深有感触地说。

青年教师郤会锁在给大学母校的一封信中写道:"这里的每一个教师都有一股想成为名师的志气、为公为生的正气、蓬勃向上的朝气和敢打敢拼的勇气。在这样的环境中,我无法不拼命工作,这里是知识分子的精神家园。"

……

是啊,这里是知识分子的精神家园,更是每一名青年教师成长的乐土。9月21日下午,衡水中学2004—2005学年度拜师会隆重举行,有40位新教师成为33位经验丰富的老教师的徒弟,每对师徒都郑重地在明确了师徒责任的《师徒协议》上签下了自己的姓名。

最近,为了方便青年教师观摩学习,学校又投资安装了一套教学观摩系统,青年教师在备课区内只需点击鼠标就可以观摩任何一位老师的授课,并能了解学生们的上课情况。

今年暑期,首次由衡水中学独立承担的省教育科学"十五"规划重点课题顺利结题,不仅促使学校一批青年教师的理论水平得到了提高,而且使衡中的教科研工作也步入了一个崭新的发展阶段。

自 2000 年始，学校先后有 110 名青年教师进修研究生课程，有 6 人已取得硕士学位；还有的英语教师被学校送往加拿大，正在进行为期半年的专业培训。今年 7 月，衡水中学和英国罗杰·曼物兹学校进行了友好学校签约仪式，这标志着学校又多了一个外派教师出国学习的渠道。目前，学校有特级教师 5 人、国家级骨干教师 4 人、高级教师 68 人，强大的师资阵容为培养高素质人才提供了基础，为学校发展积蓄了后劲。

这是一个平凡的集体。没有显赫的声名，没有厚重的权位，就像夜空中的点点繁星。

这是一个英雄的集体。日复一日，年复一年，将辛劳化为基石，撑起衡中教育的巍峨大厦。

笔墨无法描述出他们那动人的事迹，但我们却清楚地知道，在这场没有终点的跋涉中，正是他们殚精竭虑，一往无前；在全国教育改革的汹涌浪潮中，他们正是铸造衡水教育辉煌的脊梁。

之三：打造温馨的精神家园

历史告诉我们，"人的精神力量比人的体力更富于生命力"。正因如此，衡水中学才以一种非常之精神把学校建成了一个育人的世外桃源、一个"精神"的特区。

这是一个真实的故事：八年前，衡水中学的一位学生因为不喜欢他的历史老师而厌恶历史课，结果其历史成绩很差，到后来该生在历史测试时干脆交了白卷。

这是一个无法回避的事实：在全体学生对全体教师的教学进行无记名问卷打分中，教师人格魅力的得分甚至超过了课堂教学得分。

这是为什么？虽然问卷只是要求学生对教师的教学情况进行评判，但往往是大家公认的、教学水平最好的教师得不到最高分，而那些课教得也许相对差一点

儿，但人格力量很强的教师得分最高。经过深思熟虑的衡中领导们终于得出了这样的结论：正所谓"亲其师，信其道"，反映在教学效果上，一位教师的人格力量与他的教学成绩正相关。

爱因斯坦曾经说过："使学生对教师尊敬的唯一源泉在于教师的德和才。"由此可见，教师的师德状况、人格水平是他的教育教学能力的重要组成部分。教育观念、教育思想、教学能力固然很重要，人格修为同样很重要，它在潜移默化中影响着学生们的成长。于是在1996年，衡水中学提出了建设"精神特区"的构想，他们力求打造"精神特区"来营造属于自己的校园文化和营造催人向上的文化氛围，巩固教师的高尚师德，用教师的人格魅力燃起学生学习的激情，同时影响教育学生树立正确的人生观、世界观和道德观。

"创建精神特区，无非就是想把学校内部的事情办好，在这个特区里工作的每一个人都应该思想纯、作风硬、境界高，有追求，有抱负，这样才能激励学生产生克服困难的坚强意志，感受学习的乐趣和成长的幸福。"衡中校长的这番论述为衡水中学创建"精神特区"做了最好的说明，"特区之'特'，不是特权，而是教师不同于其他职业者，他的思想言行不能有一点儿污渍，否则就会污染学生，影响教师的人格修为。如果教师很世俗，学生就反感，如果教师没有高层次的精神境界，学生就不佩服，如果教师是一个脱离了低级趣味的人，是一个高尚的人，学生们就服你，听你的。"

"其身正，不令而行"，衡水中学的"精神特区"建设首先从学校领导班子开始。校党委对领导班子成员明确提出要"从大局出发、以事业为重、对未来负责、为师生着想"。学校党办室在制定了严格的规章制度、工作计划的基础上，扎扎实实地通过民主生活会、党员活动、领导干部登台做师德讲座等多种形式，积极进行思想教育。2002年冬季，当衡水中学在全国的影响越来越大的时候，为了更好地发展，校党委又对全校领导干部提出了"八个倍加"的要求，即要倍加注意增强忧患意识、倍加注意密切联系群众、倍加注意加强学习、倍加注意顾全大局、倍加注意珍惜团结、倍加注意廉洁奉公、倍加注意公正公平和倍加注意努力工作。对于那些思想有差距、工作不努力的领导干部，党委积极找其谈话，予以批评指正。这样有效解决了领导干部身上存在的各种问题，实现了党委提出的具体要求，使领导班子充满了生机、活力和感召力。

毛泽东同志曾多次强调："人总是要有点儿精神的。"一个人没有精神不行，一所学校没有一点儿精神也不行。在特区创建伊始，衡水中学就明确提出要在全校大力宣扬和弘扬"四种精神"，即奉献精神、进取精神、求实精神和创新精神。为了把这些优秀品质转化为全校师生员工的内在需求和自觉行为，衡水中学始终注意坚持正面教育引导，以弘扬正气，弘扬主旋律。他们紧紧抓住典型人物的示范影响作用，歌颂光明，宣传先进，激发全校师生奋发向上。

近年来，衡水中学始终坚持开展"功勋教师""希望之星""每周之星"等系列评选活动，最近，学校又开展了"学生在我心，师德在我行"教师演讲会等系列特色活动，大力挖掘师生中的先进典型和好思想、好作风以及好经验，进行大张旗鼓的宣传。其中的"每周之星"评选，包含着"勤奋之星""环保之星""责任之星"等多项内容，全校的任何一名学生都可以自主申报参加评选，这些非智力因素的评比使不同潜能的学生个性得到张扬，很多人由此树立了自信，成绩随之得到提高。张文茂校长说："这一活动对孩子们的影响极大，特别是一些长期受到自卑心理干扰的学差生。他们其中有的学生家长特意给我打电话，谈起孩子的转变时都激动地哭了。"与此同时，更让老师们感到骄傲的是，衡水中学还会把感谢信寄送到优秀教师的老家及其村委会，让受表彰教师的家人一起感受那份荣誉和自豪，这些教育活动，实现了从重约束、重管理到重激励、重引导的转变，"正气"使衡水中学处处生机盎然。总务处的"限时服务维修制"、教育处的"班代会监督制"等新思路、新措施、新做法，哪怕是很小的一件事情，衡水中学都

会在各种会议上进行表扬。这一切不仅使人们产生了极强的成就感,而且也使广大师生产生了强烈"共振",极大地激活了蕴藏在广大师生内心深处的责任感和使命感。敬业奉献、求实进取、开拓创新蔚然成风,而这就是衡水中学发展的灵魂,是衡中人精神风貌的典型特征和集中体现。

在衡中历史上曾经发生过这样的事情,一次一位班主任被一名家长请到饭店吃饭并送了些小礼物,此事被孩子知道后,自以为可以得到老师的关照,并产生了一些不良表现。班主任一开始碍于情面只是轻描淡写地批评了学生,但并不起作用,后来忍无可忍严厉批评了该学生,学生竟在同学们中间说"某老师真不够意思,请他吃了饭送了礼,也不给面子"。这在全班引起了很大的负面影响,班主任工作陷入了被动。"要把学生造就成一种什么人,自己就应当是什么人。"在新的时期,教师不仅是人类文化的传播者,也是人类精神世界的塑造者。为此,衡中对教师们规定了四个"远离"的行为底线。同时为了使要求更加具体明确,他们又提出了"六个不准"。

四个"远离"

远离庸俗

远离铜臭

远离低级趣味

远离不正之风

六个"不准"

不准接受学生家长的宴请,特别是集体吃请

不准办补习班或搞有偿家教

不准接受学生的礼品

·衡中思考·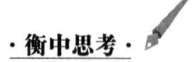

不准青年教师结婚时拉桌请客

不准在校园内吸烟

不准搓麻将打牌

动人以言者,其感不深;动人以行者,其应必速。一位有着二十多年烟龄的老教师一朝掐断烟枪,别人不解地问道:"都说戒烟难,你怎么说戒就戒掉了呢?"这位老教师说:"我们要求学生不要吸烟,如果我们连自己都管不住,那又有什么资格去要求和教育别人呢!"是啊,"学高为师,身正为范",这位老教师的话不但道出了一名为人师者的风范,更显示出衡中创建"精神特区"的前瞻性的目光——为了学生们的未来。

"学校是育人的地方,有些事情在社会上看来很自然、很正常,但拿到学校里来就不合适,这就是学校的特殊之处。教师作为这个特殊环境里的特殊的人,只有耐得住寂寞,经得住平淡,抵得住诱惑,始终保持蓬勃朝气、昂扬锐气、浩然正气,扎扎实实地工作,才能不断建立新的业绩。"衡中校长的一席谈话,让我们感受到了作为"人类灵魂工程师"那种像红烛一般燃烧自己、照亮别人的高尚品质。

一个冷风袭人的秋夜里,装有中央空调的学生公寓内,孩子们睡得正香甜,还不时传出一两句呓语。公寓东侧的教师备课大厅里,却依然是灯火通明,走近一看,很多教师正在忙碌地伏案阅卷,"挑灯夜战"。

凌晨1点多,有的老师做着伴,说着话,回家休息了。

2点多,又有老师轻声哼着歌曲向家属楼走去……

时间过得很快,启明星越来越亮,最后几位阅完卷的老师打着哈欠,说笑着向家走去。伴随着夜的静寂,一种肯于吃苦、乐于吃苦的精神弥散开来。这就是衡水中学一次考试过后的真实记录。衡水中学每次大型考试过后,老师们连夜

阅卷，试卷从不过夜，而事实上衡水中学并没有对老师提出这样的要求，老师们都非常自觉地去做。当和衡中的老师们谈起这件事，他们笑着说："只有这样，学生们才能尽可能早地得到有关考试的反馈，以尽快明确下一步的学习方向和目标。"试想，当一个人、一个团队有了这种精神，还有什么困难可以阻挡他们前进的道路呢？

"老师们加班加点工作，都是自觉自愿的，绝对不是由于金钱使然，而是来源于校长的人格魅力，来源于学校管理的人情化，我们这叫'不用扬鞭自奋蹄'。"衡水中学的年级调研员信金焕老师笑着告诉来访者。

在衡水中学，有的青年教师为了送好毕业班而多次推迟婚期；有的教师身患多种疾病，却依然坚持工作，从没有耽误过一节课；也有的教师老人生病，他们为了不耽误学生的课，自己却不能到床前尽孝；有的老师为了给学生补课，两个月没有正点吃过一次晚饭；也有的老师为了学生的健康成长，日思夜想，积劳成疾，自己不得不长期忍受失眠的煎熬，甚至晕倒在讲台上；还有很多青年教师为了集中精力干好工作，干脆把嗷嗷待哺的孩子送回老家，托付给老人看管照料，时间一长，孩子都不认识妈妈了……这些人身上所体现出来的爱生如子、无私奉献精神，又怎能不让学生们得到心灵的顿悟和生活的启迪呢？在这种环境中，哪怕是一个小水滴，也会如潮水般撞击人的心扉啊！

在广大教师家属的眼里，衡水中学的老师们个个是不折不扣的"事业狂"，为了教好书，他们废寝忘食，不分昼夜，刻苦钻研，如醉如痴。在广大学生的眼里，衡水中学的老师们不仅课讲得好，而且涉猎广泛，并能够俯下身来虚心向学生学习、请教。作为衡水中学的一名教师，他们每个人不断地进行自我加压，不断地更新自己的知识结构，努力使自己的知识储备与时俱进、与日俱增。由于对学生的爱已成为衡中老师们的生命内涵，成为他们的一种素质，他们是那么倾心于每一个学生、每一节课、每一个教案、每一篇作业，甚至每一个教学环节。

可以说，在衡水中学每天都有一曲忘我奉献的主旋律奏响，每天都有一个可歌可泣的故事发生，充满激情的工作状态和奋发向上的精神成为衡水中学的一种人格背景与职业文化景观。

创建精神特区的实践，不仅为衡水中学造就了一支战无不胜、攻无不克的非常之师，而且也换来了校园风气的极大改观，衡水中学成为一个温馨的家园、一个圣洁的"绿色"家园，成为一方净土、一个真正的"精神特区"。

之四：德育之树叶茂根深

"孩子稚嫩的心灵是一片纯净圣洁的天空，他们与生俱来的童真是成年人所没有的。孩子的天真无邪，孩子原生命形态里一切美好的东西都是一种稀缺的资源，弥足珍贵，因此，我们应该像国家设立自然保护区保护稀缺自然资源那样，为孩子创建一个'无菌区'，保护孩子美好的精神品质，不让孩子的心灵受到污染。不仅如此，我们还要为孩子们提供阳光雨露，让他们最原始的内心深处的优秀品质生根发芽。"这是一位资深教育工作者的肺腑之言。

人才，首先成人，尔后成才。如何保护孩子们美好的精神品质？如何对学生进行有效道德教育？如何使学生真正从教育活动中得到教育？如何使德育成果真正在学生的心里生根发芽，并能伴其一生？衡水中学的教育工作者们无时无刻不在苦苦思索着……

孩子的心是一块神奇的土地，播上思想的种子，就会有行动的收获；播上行动的种子，就会有习惯的收获；播上习惯的种子，就会有品德的收获；播上品德的种子，就会有命运的收获。

中学时代，是最容易产生梦想的时候，在这个时期，一旦学生的爱国情怀得到激发，一旦学生认识到自身的学习是与国家和民族的命运联系在一起的时候，他们心中就会产生一种信念，就有一个高层次的精神追求。

……

字字句句写满真诚,点点滴滴满载期许。一条由养成教育、体验教育、震撼教育所共同构筑的德育之路,在衡水中学老师们的笔下渐渐明晰起来。

孔子曰:"少成若天性,习惯成自然。"说的是从小培养怎样的习惯,习久成性,就会养成优良的道德品质。养成教育正是这个道理:教育者将养成教育的目标具体化,借助语言、行动、教育媒体"外化",通过训练活动传递出教育信息,受教育者接收信息后,"内化"成自己接受的东西,然后"外化"成为"规范化、标准化的言行"。衡水中学的领导者和老师们正是看准了这一点,而这恰恰体现了衡水中学的精细化管理。

每一个金秋的9月,既是衡水中学收获的季节,更是衡水中学希望的春天。这个时候,来自四面八方的优秀初中毕业生带着希望、带着理想,来这里实现他们心中的辉煌。在他们还没有分清哪里是格物楼、哪里是求真馆的时候,他们的任务就来了,学习《学生一日常规》,学习《诚实守信公约》等20余项规章制度,学习结束后还要进行测试!

"这有用吗?!""这些我在上幼儿园的时候就都懂了!""我是来学知识、考大学的!"一开始,学生们不免有些情绪,认为学校有些太较真儿了,实在没这必要,走这形式。

可就是在这一遍一遍看似多余的学习中,孩子们渐渐发现,自己的生活似乎真的起了一些变化:关系和睦了,因为"己所不欲,勿施于人";内务整理得好了,因为"一屋不扫何以扫天下";勇于承担错误了,因为"诚信像一面镜子,一旦打破,你的人格就会出现裂痕……"

"这样的学习让我认识到了自己的责任,真真切切地使我们受到了教育!别小看这些曾在幼儿园就有的要求:团结友爱、尊敬师长、诚实守信、勤学好问、自己的事情自己做……其实,我一开始也没有想到这样做会产生效果,可是看到同学们都主动去捡拾纸屑，主动去帮助别人，而且不再一包一包地往家里背脏衣服，不再得理不饶人地争吵，不再互相推脱、怕承担责任……我才知道我们是真的变了，变得不再娇气、不再骄傲，当然也不再自以为是了。"一位入学不久的高一新生说。

在衡中，"诚信在我校，责任在我身"系列教育活动开展得有声有色；爱班日、感恩日、高效日、规范日更是精彩纷呈，学生规范的日常行为和良好的文明礼仪得到了有效地加强。昔日的"小太阳""小公主"不见了，取代他们的是一颗颗刚刚升起的"责任之星""勤奋之星""爱班之星""坚强之星"……

让我们来看看衡水中学道德教育中的普通一课吧。

见到过父母在车上，学生在车下的场景吗？可不要以为这是什么催人泪下的送别场面。这是衡水中学开展"拒绝公车接送"大讨论后，在衡水中学门口常见的一幕。虽然是娇娇女，虽然有大小包，可父母终究拗不过女儿的坚持，看着孩子，上了另一种"公车"——公交车。

衡水中学是远近闻名的重点高中，有不少学生的家长在这个局，那个委，当个领导，是个干部，用公车接送孩子上学也就成了稀松平常之事。

2002年10月的一次学情问卷调查的结果，让老师们在对父母用公车接送孩子上学这件事的看法变得不平常起来。

调查结果显示：坐公车的学生普遍依赖性较强，生活上不能很好地自理，并由此导致了学习成绩的不稳定。还有部分坐公车的学生，心中存有特权思想，认为坐公车是一种荣誉，是向别人炫耀的资本。认识到问题的严重性，一场别开生面的"拒绝公车接送，从我做起，自立自强"的大讨论也就应运而生了。

"就连从家到学校这短短的一段路你都不能自己走完，将来你凭什么走完不乏荆棘坎坷的人生之路呢？我们有手有脚，安逸的环境造就不了强壮的体魄和完美的人生。"

历时两个多月的学生心灵"大诘问",带给衡中学生的不仅仅是交到校团组织的3000余份学生感想和倡议,还有学生真诚的反思和行动。于是,上面那"您用公车接送我,我就不上车"的一幕就一次次地上演了。

这就是一个"外化——内化——外化"的教育过程。它不但培养了学生的良好品质,也造就了学生辉煌的未来。

体验是学生成长过程中不可或缺的一种心理感觉。体验教育,就是让孩子作为一个教育的主体,到实践中不断地感悟,不断地积累,最后让创造性思维、实践精神和创造能力变化成他自身素质的一部分,内化成一种习惯。"体验"使孩子们明白了什么是"苦",什么是"累",什么是"吃苦耐劳"……为他们在过去与现在、艰苦与创造之间搭起了一座金桥;"体验"让抽象的道理,明明白白地摆在了学生的面前,深深地印在了学生的大脑中。

40公里是一个什么概念?恐怕许多十六七岁的孩子都说不上来。用自己的脚去丈量40公里的路程,对于这些在家里寸草不拿的孩子来说,恐怕更想象不出这是怎样一个过程。可是,自1997年以来,远足就成了每一名衡水中学高一新生的必修课。

出发时,一路歌声,一路口号,一张张青春的脸庞,一个个灿烂的笑容;返程时,背包松散了,衣襟湿透了,脚下起泡了,头发一缕一缕的,走路一瘸一拐的。男生们争强好胜,女生们不甘示弱,都咬牙坚持下来了。没有一个掉队,没有一个上收容车……仍旧是,一路口号,一路歌声。这场面,爸爸妈妈没见过,爷爷奶奶更是想也不敢想。只有曾经走过40公里的高年级同学夹道欢迎,给他们鼓掌;还有和他们一路走来的老师和校领导们,给他们赞许和微笑。当学生们即将跨入学校门口时,很多人流下了眼泪,这不是懦弱的眼泪,而是孩子们战胜40公里后激动的泪水,是战胜自我后喜悦的泪水。

八年来,近万名学生从这里获取了许多宝贵的人生体验:

"远足，让我真正明白了没有比脚更长的路，没有比人更高的山。我将在今后的学习中，发扬远足精神，为中华崛起而读书。"

"远足是对毅力的挑战，是对体能的考验，是自我的抗争，是与极限的角逐。风雨洗礼之后，我会更顽强，荆棘磨砺之后，我会更执着。"

许多衡中毕业的学生在回忆起母校时，都会不约而同地提到衡中的"远足活动"。40公里的路程在他们的生命历程中，实在不长，但通过这项活动而得到升华的坚忍不拔、团结协作、顽强拼搏、追求卓越的衡中精神却使他们受益终身。

震撼教育更是衡水中学道德教育中最具特色的一环。

每逢周一上午10点，全校近4000名学生和老师就会身着校服列成方阵，集结在塑胶草坪运动场上，举行升国旗仪式。全体肃立，向国旗行注目礼。在雄壮的国歌声中，由12名学生组成的国旗班，身着军装，手捧国旗，正步走向升旗台。

高高的主席台上，学生代表高声朗诵升旗献词："迎着东方那片红，一面血染的风采缓缓升起。迎着风雨，你飒爽的英姿昭示出中华民族的风采；透过朝阳，你矫健的身影飘过华夏大地；看，无数中华儿女向你敬礼；听，亿万龙的传人为你高歌。你把沉睡了千年的巨人唤醒，让中华民族屹立于世界之林。你是九州大地一道永不褪色的风景线，你是我们心中无法取代的庄严。你的名字比我们的生命更重要。国旗下让我们庄严宣誓：为中华崛起而读书！"

"为中华崛起而读书！"4000多人齐声呐喊，声震九天。

衡中的学生的跑操更是给众多参观者留下了深刻的印象。

每天上午10点，在衡中的校园里你都会看到这样的场面：学生们正在跑步，那步调一致得仿佛像是一个人，颇像一支训练有素的军队，气势昂扬。跑步的步调声撞击着人们的心扉，队伍中的男孩和女孩们精神百倍，扯开嗓子尽力地、忘情地喊着口号，铿锵激昂："脚踏实地、团结一心、顽强拼搏、振兴中华，一、二、三、四！""自尊自爱、自立自强、众志成城、共创辉煌！"整个校园成了

一片沸腾的海洋……很多参观的客人为此流下了激动的眼泪。

今年9月,衡水中学又组织召开了"爱国从我做起、从脚下做起"学生事迹报告会。

在报告中,几位同学讲述了发生在自己身上或其他同学身上的一件件小事:242班王刚同学克服一切困难刻苦学习的事迹,254班任重远敢于和歪风邪气做斗争的经历,267班刘忠达随手捡拾校园内片片纸屑的勇气,269班张海波同学强忍病痛坚持军训的故事……一个个鲜活的事例如同冲击波般深深震撼着学生的心灵,听到动情处孩子们不禁热泪盈眶。

"爱国不是从心里想出来的,而是靠行动做出来的。爱国不仅需要豪言壮语,更重要的是要从生活中的一点一滴做起,哪怕是弯腰拾起一片废纸。"报告会结束后245班的程伟帅同学如是说。

衡水中学就是凭着这极具震撼力和感染力的各项德育活动,让学生从身边做起,从小事做起,从爱校爱班做起,不断加强学生的思想道德教育,从而向众多高校输送出了一批又一批的优秀青年。通过这些教育活动,衡水中学不仅培养了一种精神,营造了一种氛围,更为重要的是学生们由此获得了珍贵的道德体验,生发出鲜活的道德个性。

养成教育,体验教育,震撼教育,不仅使学生的思想境界更加高尚,精神风貌更加振奋,行为习惯更加高洁,而且,使学生的心灵受到了震撼,灵魂接受了洗礼,使德育真正走进了学生的心里。

之五:教育创新永无止境

有这样一则故事。南京师大附中1987届高三某班的47名学生,当年参加高考,化学成绩平均分为94分(满分100分)。高考后两年,有43名学生聚会,请当年他们的化学老师参加。那位教师心生一计,把当年的高考化学试题重新印出来，让 43 名学生重做，结果当年平均成绩 94 分的这些学生，现在平均得 16.3 分。难道说经过两年时间的大学学习，学生的平均水平越来越低了吗？

爱因斯坦有一句话："什么是素质？当我们把学校里学到的东西全都忘掉之后，所剩下来的才是素质。"

我们的课堂教学应该是什么样的呢？是教师提出问题，教师分析问题，教师解决问题；或者是师生共同分析问题，最后解决问题？还是要努力唤醒学生的主体意识，切实落实学生的主体地位？

这道选择题，对任何一个教师都没有难度。因为稍有教育知识的人都能明白，只有让学生真心感受思考，他们所学到的东西才能最终沉淀到内心深处，成为一种素质、一种能力，伴其一生，并使其受用一生。

"要为学生的一生负责"，简简单单几个字，说出了教师的心声，也真正难住了在旧的传统教育模式下成长起来的教师们。

传统的旧观念长期以来一直束缚着教师的头脑，很多时候成为他们的一种信念，甚至是一种工作方式、一种生活方式，所以在从应试教育向素质教育的转变过程中，教师无疑是痛苦的，这是一个自我否定的过程。可是，"一切为了学生，为了学生一切，为了一切学生"的信条回荡在每一个衡水中学教师的心里。

就一个字，改！

1996 年，全国范围内有关素质教育的讨论热火朝天。衡水中学也正处在发展和前途的关键时刻，一场广泛而深入的教育观念大讨论在衡水中学拉开了帷幕。

1997 年春，衡水中学在河北省率先成立了推行教育教学改革的机构——教科处，并出台了《衡水中学深化课堂教学改革指导思想》，明确提出教学改革的总课题是"教会学生学习"；具体目标是"轻负担、高素质、低耗时、高效益"；具体要求是实现"三个转变"，落实"五个要让"。

三个转变

（课堂教学）

变"注入式"为"启发式"

变学生的被动听课为主动参与

变单纯的知识传授为知能并重

五个要让

能让学生观察的要让学生自己观察

能让学生思考的要让学生自己独立思考

能让学生动手的要让学生自己动手

能让学生表述的要让学生自己表述

能让学生总结的要让学生自己总结、推导出结论

（教师绝不能包办代替）

自此，衡水中学素质教育的序幕从课堂教学改革开始。

"同学们，在很久很久以前，印度王子西拉谟准备奖励军棋发明家，发明家受奖的办法是在棋盘的格子里放米粒，第一格放1粒米，第二格放2粒米，第三格放4粒米……就是每一格都比前一格多放一倍的米，直到放满棋盘的64个格子为止。试想这个数目有多大？"学生们对此很感兴趣，纷纷发表自己的意见。"答案是这些米平均铺在地球表面可达9毫米厚的米层。"

"啊？"学生们都吃惊起来。

"那么下面我们来算一下王子到底奖给发明家多少粒米。好，请看投影……"这是衡中的阎纯熹老师在给学生们讲"求等比数列几项和"一课。

衡水中学的教师们就是这样在一点一点地努力改变着。渐渐地，历史课上唱起了高亢的歌曲，语文课搬上了表演的舞台，政治课上吹起了横笛……

在摸索和实践中，衡水中学的课堂素质教学改革走过了又一个春夏秋冬。这时,全国"九五"教育科学规划教育部重点课题"现代学科教学论的研究与实验——诱思探究教学深化探索"，映入了一直在为学校教改寻求理论支撑的衡中人的眼帘。

诱思探究教学的教育思想、教学主张和教学策略，完全符合中国的国情，与素质教育的要求相吻合。它既富于科学性、系统性，又具有时代性和实效性，特别是以学生为主体的教育思想，处处闪现着"创造"的思维和"创新"的理念。这也恰恰与衡水中学提出的"三个转变""五个要让"的课堂教学指导思想不谋而合。于是，衡水中学果断决定，立即引入诱思探究教学理论。这样，在衡水中学的课堂教学改革中，便奏响了传统继承和与时俱进不断创新的交响曲。

1999年，经过向总课题组申请，衡水中学承担了诱思探究总课题的子课题的研究。同年，衡水中学被诱思探究总课题组确定为诱思探究教学深化探索全国"重点实验研究基地"。从此，衡水中学开始围绕这一龙头课题，以学科教学为出发点，在课堂教学中实践诱思探究教学理论，广泛开展教育科研，进一步深化课堂教学改革。

诱思探究教学理论的引入和诱思探究科研课题的蓬勃开展，让学生获得了真正的解放，学生成为课堂的主人、学习的主体。在工作中研究，在研究中工作，不仅使衡水中学的科研工作焕发了勃勃的生机，更重要的是，衡水中学的课堂教学面貌焕然一新，学校的课堂教学改革取得了实质性的发展和进步。

2001年春天，为了进一步推动课堂教学改革，衡水中学又出台了2001年1号文件《关于进一步减轻学生负担、实现学生主体地位、深化课堂教学改革的决定》：压缩学科授课时数，规范和放开自习课，改革作业模式，减少作业数量，提高作业质量，把自习还给学生，把学习主动权还给学生等。

文件的出台，不仅把素质教育从课堂引申到了课外，而且在更深的层面上明确了教学改革的目标——为学生创造更加宽松的学习环境，让学生会学、乐学，成为学习的主人。自此，学生们的学习兴致空前高涨，学习成为一种美妙的精神漫游。

与此同时，衡水中学又引入了"尊重的教育"这一全新的教育理念。

"尊重的教育"教育理念

第一要尊重教育规律。

第二要尊重教育对象的身心发展规律。

第三要尊重学生的人格、人性，尊重学生的个性发展，创造和谐的教育环境。

2001年1号文件中贯穿始终的就是"尊重的教育"，比如其中的作业改革，则是最有特色的举措。原来的作业形式是整齐划一，强制完成的，学生是吃也得吃，不吃也得吃的"霸王餐"式作业，而改革以后，他们要求老师要精心加工，精心配置，色、香、味、形俱佳，形式不但多种多样，而且是有层次的，学生可以根据自己的知识水平，根据自己的需要，自主选择，因人而异。

衡水中学的教学改革，从1997年的"三个转变""五个要让"，到1999年的诱思探究教学思想的引入，再到2001年1号文件的推出，其中的一条主线就是解放学生、唤醒学生，让他们主动地学习，主动地探索，全身心地投入。做到了这一点，学生学习成绩的提高就水到渠成了，而且广大教师也获得了新的发展。

随着广大教师专业化素质的提高，大批骨干教师脱颖而出。

在"2003年全国现代化教育技术与中学数学改革课例展评活动"中，吴树勋老师提交的课例《向量在物理中的应用》荣获一等奖；

在今年的教师节前夕,青年教师郗会锁被教育部、人事部授予"全国模范教师""全国中小学优秀班主任"称号;

在刚刚结束的衡水市首届中小学"百节优质课"评选活动中,衡水中学的13名教师以先进的教育理念、精湛的教学技艺囊括高中组所有学科一等奖。

衡水中学许多教师正由"教书匠"向"学者型""专家型"教师转变。

学校教师吴树勋、刘红生、王洪旺、孙爱虹等先后应邀到山西、河南、黑龙江等省、市做课,受到了听课者的欢迎和赞许。课堂上,他们从讲台上走下来,全身心地融入学生中间,引导学生大胆质疑,主动参与,积极思考,学生不断地和老师辩论甚至争论一些问题,提出一些自己的观点,很多创新的火花在课堂上迸发出来。教育的本质就是交往,他们正是尊重了这一教育规律,才让课堂教学焕发了勃勃生机。

有记者在采访期间听了几节课。听课过程中,偶尔发现了这样一个细节:教师在指名提问学生时,很少有连姓带着的。就是这个不起眼的小细节令人感慨不已,因为它所体现的正是"尊重的教育"的精髓,即教师与学生在探求知识的过程中是平等融洽的。

在衡水中学,其实不仅课堂教学中体现着对学生的尊重,课堂之外也无处不渗透着"尊重的教育"。褚艳春老师遇到一名学生违纪而说了几句过激的话,第二天就在课堂上真诚地向他道了歉;衡水中学一年四季,哪怕是寒冬腊月,孩子们都可以在中午美美地睡上一觉儿;餐饮中心的电子屏幕不仅每天滚动播出菜谱菜价,而且还会把最新的天气情况告知学生,提醒孩子们及时增减衣服;教务处聘请了学生调研员,膳食处聘请了学生义务监督员,积极听取孩子们的意见和建议;卡式电话走进学生宿舍、洗浴设施安装到位、设置夜间生活指导教师……这一切无不体现着对学生的尊重和关爱,孩子们的生活也更加多姿多彩。

"在改革过程中,我对学生的认识有了一个质的飞跃,教师要把学生确实地

当成完善的一个人、独立的一个人来对待,他是和你平等的一个人,这样在他的学习过程中,在传授给他知识的同时,要注意平等地对待他。"王洪旺老师对"尊重的教育"深有感触。

尊重是教师的感染力所在,她像一缕春风吹拂着学生的心灵,分享着学生的喜悦,抚平学生失败的忧虑;她像一泓清泉,浸润着学生的精神世界,给学生健康成长提供必要的养料。一位哲人曾说:"人受到的震动有种种不同——有的是在脊椎骨上,有的是在神经上,有的是在道德感受上,而最强烈、最持久的则是在个人尊严上。"

10月16日,全国著名教育改革家魏书生应衡中之邀到学校做报告。衡水全市大、中、小学校长及教师齐聚衡中,能容纳1400人的莘元馆连夹道中都坐满了人。魏书生的报告充满时代气息而富含人生哲理,与在座教师产生了极大的共鸣,博得了他们发自内心的一阵又一阵的掌声。

报告结束后,教师们的话题就和魏书生黏在了一起。

"魏老师讲得特别实在,对我们启发很大,如果把他的理念和方法贯彻到我们的日常工作中去,我们的教育教学水平一定会有更大的提高。"一位教师无法掩饰心中的兴奋。

"按照学校的要求,教师们正在结合报告会积极进行反思,下周学校准备召开一个总结会,联系学校工作实际,提出具体的可操作的学习目标,以借鉴成功经验为我所用,加快学校发展。"我也及时把情况通报给教师们。

10月24日,在张文茂校长的带领下,衡水中学一行50余人赴山东进行了为期三天的学习考察。同时,按照学校要求,各处室也分别制订出了下阶段的外出考察计划。

……

一场教育创新的新浪潮，正在衡水中学酝酿激荡，蓄势而发。正如一位教师桌上所贴的座右铭，"路漫漫其修远兮，吾将上下而求索"……

之六：广纳群言天地新

一个人的智慧和力量就像大海里的一朵浪花，单看它是短暂而渺小的，只有当它融入到整个海洋之中，才能显示出它的美丽和活力——这既是一个人尽皆知的道理，更是衡水中学大力实施民主办学的一个形象比喻。曾经有不少人到衡水中学去办事时，发现衡水中学的大门总是紧锁着，不经过繁琐的批准手续很难进入，于是有些人就感慨道："衡水中学是一个固步自封的学校"。其实不然，真正了解衡水中学的人都会说这样一句话，"衡水中学的大门是封闭的，但衡中的办学是开放的、民主的。"

2001年，由社会各界的家长代表共同组成的衡水中学家长委员会正式成立。家长委员会委员有权参与学校办学，进行听课、评价教师等活动。自此，广大家长的意见和建议就能通过这一渠道简洁而直接地到达学校，加强了家校合作，向实现民主办学又跨近了一步。

"学校应树立名校战略，强化名校思维，把建立全国名校作为学校的一个长远发展规划。""要促使学生养成良好的学习、生活习惯。在促使学生遵守管理和学习制度的同时，养成积极向上和俭朴、团结等良好品格，真正做到追求卓越、奋发向上，在校内外以优良的品行为衡中争光。""扩大对外开放、增进双向交流，走出去、请进来，博采众长，向先进学校学习，加强与学校和社会的合作。"

——这是我们在衡水中学家长委员会信息反馈表上看到的几段话。尽管每一位家长的留言只有简短的几句话，可其中中肯和急切的心情却溢于言表，而这只是衡水中学开展开放式民主办学的一个小小侧面。

"作为一所教书育人的学校，只有使办学过程，使各项工作走上法制化、科学化、民主化的轨道，才能真正实现依法治校、科研兴校、民主强校的目标，才能为学校的可持续发展提供不竭的动力。"衡水中学校长张文茂是这样说的，更是不断地按照自己所说的在实践着。

在衡水中学，让人感受到的不仅仅是令人惊叹的教学质量、优越的教学条件、令人振奋的精神氛围，更加令人难忘的则是衡水中学在办学过程中那种民主风尚。在校长张文茂的带领下，民主办学的思想已经渗透到了衡中学校决策和管理的方方面面。

教职工代表大会是衡水中学广大教职工参与和监督学校工作、行使民主权利、民主管理学校的基本形式。凡是关系学校发展和教职工切身利益的大事，如确定学校发展规划、确立基建项目、筹建教工住宅楼等都不是某个人说了算，或是某些人说了算，而是在广泛征求教职工、学生、社会等各方面意见和建议后，提交教代会进行民主决策。仅七届二次教代会，教工代表就提出议案、建议、意见76条，涉及42个方面的内容，其中有56条合理化建议得到落实。

校长办公会是衡水中学民主决策和民主管理的又一个亮点。每周的周五晚上7点10分，衡水中学中层以上干部都要准时参加校长办公会，雷打不动、从不间断。会上，各处室、各级部汇报上周完成工作，集体讨论决定学校及各部门的下周工作计划。值得一提的是，校长办公会还实施"六个一"工程，即每个中层干部每周必须与一名学生座谈、与一名老师交流、发现一个问题、找到一个亮点、提出一条合理化建议、工作中有一个创新，并在会上汇报落实情况。

这项举措，不仅能够让领导干部深入到一线，更着重培养了中层领导干部随时随处倾听师生声音的意识，使关心教师、关爱学生逐步成为各位领导干部的习惯。仅近两年，各中层干部就在校长办公会上提出合理化建议800余条，其中许多好的建议被采纳，如：建立学生调研员制度、义务监督员制度等。对于大家发现的工作中的问题，校长办公会高度重视，给予研究，并提出解决办法和解决措施。对没有条件解决的，学校会尽其所能创造条件予以解决。

来衡水中学采访或参观的人，眼睛里满是好奇。数次，看到有学生到各班或者在校园各处转来转去。在外人的概念里，这不是学生会在搞什么检查就是有学生在"开小差"。然而，在经过了解以后，才知道这些猜想竟然和实际情况大相径庭，原来这些学生是衡水中学的学生调研员。

"一日三餐，三个年级都同时放学，所以人很多，同学们常常需要排长队买饭，往往耽误很多时间，而且有时就餐的座位也不好找，所以向学校提出如下建议：能否错开三个年级的放学时间，以避免就餐高峰出现的上述问题。"也许许多人不会想到，现在衡水中学令人欣赏的"错时放学制度"，就是因为一名学生调研员提出的建议而更改的，并且这条建议一提出，就引起了学校领导的高度重视，衡水中学专门开会进行研究，并最终采纳了这一建议，同时要求食堂提前为晚放学的年级预留饭菜。

学生调研员是衡水中学在民主治校过程中又一道靓丽风景线。学校为了组织学生广泛、深入地参加学校管理专门成立了这样一个学生调研员小组。他们把学生调研员分为教学调研员、德育调研员和年级调研员，调研员由各班不同层面的学生组成，调研员的任务是认真观察和记录学校教育教学等各方面的信息，然后如实填写《学生调研员信息反馈表》，每周向学校反馈一次，并对学校工作提出意见和建议。教学调研员信息反馈表包括自助作业质量、自助作业数量、主观题批改、最精彩的一节课、教学常规落实情况、发现问题、建议、每周一议等栏目。德育调研员信息反馈表包括学生中的倾向性问题、正反典型、学校教育管理等栏目。一段时间以来，学生调研员提出的好的建议被学校采纳在衡水中学已经是司空见惯的事了。现在衡水中学每周都能收集到学生调研员反馈的问题、意见、建议等200余条，对于每条意见和建议，学校都会研究和讨论并作出相应的答复。

以学生为监督，获取来自学生自身的第一手资料，这些资料自然真实而生动。

除了教与学之外,衡水中学还针对食堂工作建立了学生义务监督员制度。义务监督员由各年级学生组成,代表全体学生义务检查和监督学校食堂工作,参加食堂管理,代表广大学生向食堂反映问题。每月义务监督员都要不定期下食堂一次,检查食堂工作,听取食堂各班组介绍最近一段时期的工作情况,并针对发现的问题向食堂提出合理化意见和建议。曾有不少学生反映,由于男女生饭量存在差异,所以出现就餐时一份饭菜有的男生吃不饱而有的女生又吃不了的现象,义务监督员把这一情况反映给食堂,引起了学校的关注,经过研究,食堂制定措施:把饭菜分为大、中、小份出售,很好地解决了学生们提出的问题。

……

校长心桥信箱、周六校长接待日、家长校访日、对外开放日、公开电话、网站留言栏、师生问卷调查……多种多样的沟通方式,架起了一座连心桥。它一方面接受家长、师生的监督,一方面收集他们对学校工作的意见和建议,为此衡水中学每年均可收集到各方面的意见和建议300余条。学校对这些反馈信息及时整理,并提交校长办公会进行集体研究并予以妥善处理,极大地促进了学校的发展。

除了民主决策和民主管理机制,衡水中学还有着完善的民主监督机制。衡水中学校纪检会依其职能对党员及领导干部进行全面监督,重点是对党员干部的廉政、勤政等方面进行监督;教代会依法行使监督权力,并以投票方式对学校领导和各职能部门工作进行考核;社会监督员对学校各项工作进行监督;结合行风建设,衡水中学参加了衡水市的阳光投诉工程,主动征求广大市民对学校工作的意见、建议,接受广大市民对学校工作的监督;设立了举报箱、举报电话和网上留言箱,接受广大师生、家长和社会对领导干部和学校工作的监督。如衡水中学所有工程、千元以上大宗物品采购等,均要在校纪检会全程参与和监督下公开招投标,并在社会监督员及广大师生监督下公开操作。

衡水中学还大力开展校务公开工作,增加学校工作的透明度,促进师生、家长、社会对学校的民主监督。1996年，衡水中学就制定了《关于推行校务公开的实施方案》，此后，学校定期将收费、财务收支、招生考试录取、教职工职称评定、业务考核、晋职晋级、评优选模、领导队伍廉洁自律、特困生减免费用等热点问题公开，每期校务公开内容规范、程序齐全，并存入档案。每学期末召开校务公开总结会，向全体教职工通报公开情况；此外，学校还通过召开全体教职工大会、印发内部资料及利用校园网等途径公布学校的重大决策等方方面面的信息。

在衡水中学，还有这样一个组织：由一名中层干部任主任，五位德高望重的老教师为成员，这就是校务咨询委员会。他们周周搞调研、周周有反馈，时时刻刻对学校的发展和各项工作予以监督，并参与管理、提出建议。它的出现，实现了对管理者的监督，使衡水中学的各项工作更加公开和透明……

在民主办学旗帜的招引下，衡水中学的办学过程更加规范、民主、科学，依法治校工作的开展更加扎实有效，学校领导班子依法执政能力和依法执政水平进一步提高……正所谓："问渠哪得清如许？为有源头活水来。"在普通的学校，出决策、订制度的只能是一把手或有数的几个人，而在衡水中学，数百名教师，数千名学生，每人每天都为衡水中学的发展和进步而深深地思索着。有了这个人数浩荡的"智囊团"的加油助威，使衡水中学这艘巨轮实力越来越强大、马力越来越强劲，在素质教育的海洋里破浪向前、一路领先……

刊发于《衡水日报》2004年11～12月
原标题《一石激起千层浪——衡水中学探源之一》《一个好班子托起一所好学校——衡水中学探源之二》《打造温馨的精神家园——衡水中学探源之三》《德育之树叶茂根深——衡水中学探源之四》《教育创新永无止境——衡水中学探源之五》《广纳群言天地新——衡水中学探源之六》

现场观摩:"衡中德育模式"引起广泛关注

2006年12月16日至17日,以"引领·创新·发展"为主题的"全国科研型班主任专业化发展研讨会暨河北衡水中学班级德育工作现场观摩会"在衡水中学隆重召开。教育部基教司德育处处长吕同舟、师范司教师培养处处长唐京伟、中央教科所科研处处长陈如平、学校教育研究部主任刘惊铎、河北省教育厅思政体卫处处长刘爱民等领导专家亲临会场进行了指导。衡水市委副书记李晓明、人大常委会副主杨金锁、副市长辛书华、市教育局副局长辛纪坤等领导也参加了本次会议。"衡中德育模式"得到了来自全国25个省、市、自治区的200余所师范院校、普通高中的近1500名专家、校长、班主任和其他德育工作者的好评。

本次会议由中央教科所德育研究中心主办。教育部基教司德育处处长吕同舟在以《新时期学校班主任工作思考》为主题的报告中全面分析了中小学班主任工作的现状,提出要以科研促进班主任的专业化成长,把班主任队伍建设成一支高层次高素质的团队。他还从班主任的观察力等五种能力、关于批评和表扬的力量等具体工作层面谈了班主任工作中"尊重、沟通、帮助、引导"的价值。具体负责全国中小学班主任培训工作的教育部师范司教师培养处处长唐京伟也做了专题报告。他以《我国中小学班主任培训工作的政策引导》为主题,以梳理班主任工作政策框架为背景,重点阐述了把班主任工作提升到专业化发展层面的重要性,对中央教科所的专家能深入基层学校,把科研工作和学校实际工作的重点、热点、难点问题相结合,在指导基层实践的同时帮助学校从经验提升到理论的做法给予肯定，对本次会议选取衡水中学这个点进行"全国科研型班主任专业化发展研讨"的做法予以赞赏。

作为"科研型班主任专业化发展"样板校的衡水中学向与会者全方位展示了学校的班主任工作。全国优秀教师、特级教师、衡水中学教育处主任孙庆华在《以终生难忘的教育培养和谐的人》的德育工作专题报告中，把班主任培养目标定位为"以人性化管理促个性化发展、以科学化管理促专业化成长、以精细化管理促整体性提高"，提出了"三促""四带（代）"过"五关"的班主任队伍素质提升思路。

一、三促

1. 以考促评。组织班主任进行教育理论考试，计入个人业务档案。

2. 以评促教。定期组织班会公开课和班会反思课。

3. 以赛促练。定期组织班主任在校内进行各种比赛。

二、四带（代）

1. 以点带面。每学期进行"优秀班主任经验交流会""优秀班主任事迹报告会""优秀见习班主任工作汇报会"，推出典型。

2. 以老带新。推行"见习班主任制"、导师制、捆绑制，设人梯奖、新秀奖。

3. 以会代训。对班主任工作同步跟踪，对存在问题通过召开班主任论坛、班主任专题研讨、青年班主任专题培训等解决。

4. 以学代奖。对工作突出的班主任用选派外出学习的形式代替奖励。

三、五关

青年班主任四年内要过思想品德关、教学技能关、教材教法关、教育管理关、教育科研关，关关有标准，关关建档，关关考核，关关跟踪。

学校建有《班主任评价细则和实施标准》《班主任工作条例》《优秀班主任

评比奖励办法》《见习班主任制度》《班主任工作忌语》《教育教学科研成果评选办法》等。

与会者还现场感受了衡水中学极富特色、充满昂扬向上生命活力的学生"胸贴背式"课间跑操,观摩了全校35个班级同时开放的班会课、团会课和家长进课堂课,听取了所带班级"一次考入北大清华达13位学子"的班主任王文霞、30岁成为全国模范教师的班主任郗会锁、让多名"捣蛋鬼"走出衡中后成为企业老总的班主任赵魁英等6位优秀班主任所做的经验介绍和师德演讲。丰富的实践活动和多角度立体式的展示给与会观摩者强烈震撼。大家一致认为,衡水中学班主任工作尊重规律,尊重个性,理念超前,模式科学,具有很强的典范作用,对促进班主任专业化发展、走科研提升之路,构建和谐德育有着重要意义。

"衡中德育模式"的意义在于它有效地抓住班主任这个学校德育工作的骨干力量,遵循"以终生难忘的教育培养和谐的人"这一理念,坚持"重过程、抓细节、强体验"这一原则,围绕"培养适应未来社会发展的素质全面的现代人"这一目标,构建了一个多方渗透、全员参与的大德育运行格局。

会议期间,中央教科所学校教育研究部主任、博士生导师刘惊铎向与会代表做了专题报告。中央教科所还举行了"全国科研兴校战略合作项目实验基地揭牌仪式",河北衡水中学被中央教科所授予全国首家五星级科研兴校战略合作项目实验基地。

刊发于《德育报》2006年12月25日头版头条
原标题《"衡中德育模式"引起广泛关注》

耀眼成绩：在质疑和挑战中前进

2011年10月22日，全国20余个省、市、自治区的2500余人如潮水般拥入衡水中学调研考察，创下了学校日接待教育界客人的历史最高纪录。

随后，学校又接待了新疆库尔勒34兵团、宁夏石嘴山一中、甘肃甘谷县教育局、湖北荆山五中、湖南株洲中学、山东寿光教科研中心、山西临汾新开一中、陕西岩川高中、安徽亳州一中、广州七十五中、深圳宝安区一外、哈尔滨四中以及浙江东阳教育局、富阳教育局等众多考察团……

在短短40天的时间里，全国各地6000余人到校探秘。一拨又一拨教育界人士的莅临，体现出"衡中热"继续强势升温。

在人们的赞赏和肯定中，衡水中学已站到了中国高中教育的最前沿。它从十多年前的不为人所知，到慢慢成为受人追捧的"香饽饽"，其间的质疑相伴而生，衡中人用鲜活而生动的办学实践，不断回答着各种质疑，不断在质疑中前进。

"十二五"开局之年已临近岁尾，沉下心来一一盘点这些质疑，人们可以发现，随着改革创新的脚步，衡水中学越走越快。

敢于面对不断出现的质疑

世纪之初，衡水中学凭借"素质教育更能提高升学率""把学校建成一个精神特区"等新理念的提出，有效提高了教育教学质量，并在全国刚刚打开一点儿知名度的时候，曾被有些人称为"素质教育喊得轰轰烈烈，应试教育搞得扎扎

实实"。

几年后，衡水中学持续大面积提高了教育教学质量，不仅为全国重点高校输送了一大批优秀生源，而且拥有不同特长的学生更似雨后春笋般冒了出来，如入选《我为写狂》一书的少年作家刘婧、中国智能机器人大赛一等奖获得者杜霖、中国青少年科技创新奖获得者刘昭、"新苗杯"全国在校生节目主持大赛省区第一名张颖……

学生个性的一次次绽放，办学实践的一个个转变，衡中人用事实回应了这些质疑。

当衡水中学突破"应试教育"藩篱，大力践行"给学生终生难忘的教育"，积极构建"激情燃烧的乐园"，开创了德育工作、教学改革、教育科研、师资队伍齐头并进，高考成绩、体育艺术、学科奥赛、科普教育、心育工作以及家校合作百花齐放新局面的时候，又有人认为衡水中学将应试教育发挥到了极致。

但也正是在这一时期，全国未成年人思想道德建设工作先进单位、全国学校艺术教育工作先进单位、全国体育传统项目学校、全国科普教育基地、全国青少年心理健康教育示范基地等30余项国家级殊荣花落衡中。

事实上，任何搞应试教育的学校特别是极端应试教育典型，她不可能在方方面面的工作上都有所建树。因为，应试教育关注的是分数，它不可能去注重学生的思想道德、健康状况、艺术修养、科学素质等，更不要说各项工作都能走到全国前列了。

时至今天，仍有一些人对她提出怀疑，认为高考就是学生生活的全部，戏称"没想到中国竟有这样的学校"；认为衡中的学生身心是不健康的，生活是不幸福的，学生无法成人，亦不能成才。

但是，从中科院院士周恒、航天科学家张厚英、老科学家徐德诗乃至世界激励大师约翰·库缇斯等众多大师与学生的亲密接触，到学生走进湖南卫视"天天向上"节目与一干"名嘴"叫阵、刘峻成勇夺第十届全国创新英语大赛总决赛"最受媒体关注奖"和"最具创新意识奖",再到2004届毕业生葛修远作为最年轻的记者夺得第21届中国新闻最高奖、2006届毕业生王烨与其队友获"联想NBA纪念机型营销创意大赛"全国总冠军、2010届毕业生郭昕硕随同胡锦涛总书记赴美参加APEC峰会系列活动,2011届全省高考状元高嫒誓把"中国制造"变成"中国创造",以及美国预科学校赴衡中揽生源……

以上一个个鲜活的事例,无不说明一个问题——作为一所富有责任感的学校,必将培养一大批有责任感的高素质人才。

那么,为何又会出现上述质疑呢?

教育部原副部长陈小娅曾指出:当前,我国普通高中正处于发展转型的关键时期,如何促进办学体制的多样化、突破培养模式单一、探索培育创新人才等,正成为普通高中改革与发展过程中亟须解决的关键问题。毋庸置疑,这些问题业已成为社会的热点问题。要解决这些问题,化解深层次矛盾,学校必然首当其冲。特别是像衡水中学这样站在高中教育发展的前沿区域,浓缩着中国基础教育发展的诸项矛盾,自然就成了教育界、学术界和各级媒体密切关注的焦点。

衡水中学党委书记、校长张文茂认为:"人们对衡中的质疑和评论,绝大多数是善意的和好的,其中,有反映中国教育模式和教育制度创新的宏观问题,有对当前普通高中教育使命的叩问,有对眼下高考改革发展中存在问题的思考,也有对应试教育走向素质教育过程中各种现象的思考,同时也有对衡中发展中存在问题的反映。"

资深记者白宏太说:"时隔几年后再次走进衡中,记者在学校奇迹般的发展背后,看到的是教师和学生之间的和谐互动、共同成长……"

辽宁盘锦高级中学刘捷老师实地考察后认为:"没接触学生,我们以为衡中培养出来的是高分低能的书呆子,没想到学生德才兼备,其综合素质之高让我

叹服。"

因此,聚焦和探讨"衡中现象",不能让思维与实际脱钩、与实践断裂,不能离开中国高中教育的"国情",也不能不自觉地陷入非黑即白的思维窠臼,否则,"横看成岭侧成峰",我们难免盲人摸象、以偏概全了。

中国教育学会常务副会长郭永福说:"学生负担重的问题,板子不能只打到学校和老师身上,需要综合治理。""衡水中学为寻找素质教育与分数、升学率的结合点,付出了无数的汗水、心血和智慧,学校能走到这一步,实属不易,否定它,老百姓和学生恐怕不答应。"否则,很多学校的生存都将成为问题,这就是当前中国基础教育的国情。

更致力于教育规律的回归

"衡中现象"的内涵是什么?从易见易感的数据上简单地看,是培养了一个又一个河北省高考状元,是为高等学府输送了一批又一批优秀生源,但从教育发展的深层次的角度来看,我们可以看到:衡水中学旗帜鲜明地提出创建"精神特区","先有父母心,再做教书人",以此大力培养和巩固广大教师的高尚师德。因为,高尚的师德是学校的第一影响力,是一种难得的优质教育资源,更是一个国家的道德标杆。

"这种精神层面的东西,其本身就是教育质量,就是高考'升学率',教师师德和教学成绩成正相关。"张文茂校长说。

"衡中的发展自始至终贯穿着一种精神,那就是追求卓越。学校营造了一种拼搏进取、勇创一流的教育氛围,形成了一种永不满足、精益求精的工作态度,构建了一个敬业爱岗、献身教育的精神特区。"山东沂南教体局在考察报告中写道。

"来到大学,你就会知道,衡中的老师是最能感动你一生的人,他们的人格,他们的付出,他们的经验,足以让我们顶礼膜拜。"现就读于北京大学的王丽雅说。

可以说，衡中的老师们以最具体、最有效的实践，给了学生最生动、最深远的影响。

教育部近期举办的新闻发布会称："师德将成为教师注册考核的首要条件。"《人民日报》记者袁新文也曾撰文指出："教师的思想政治素质和职业道德水平，直接关系亿万青少年的健康成长，关系国家的前途命运和民族的未来。在呼唤和期待优质教育的今天，师德的力量绝不可轻视。"

衡水中学明确提出素质教育的主阵地是课堂。课堂教学不仅可以解决知识的问题，也可以解决能力和品德的问题；不仅可以解决面向全体学生的问题，也可以解决全面而有个性的发展的问题。

于是，衡水中学在把课堂时间压缩到40分钟的基础上，全力以赴抓好课堂教学常规，要求教师在课堂教学中必须做到"三允许"，即允许学生出错、允许学生质疑、允许学生争辩，每节课都要落实"四个五"，即教师连续授课时间不超过5分钟、学生自主掌握时间不少于5分钟、有价值的问题设计不能少于五个、有效的个别提问不能少于五个人……精讲循循善诱，因材施教，让学生自主观察、自主探究、自主合作、自主思考，勇于提出不一样的见解，敢于发表不一样的观点，努力养育学生的创造性思维和能力。

"高中生活的分秒必争并不意味死气沉沉、不苟言笑，也不意味着缺少快乐与轻松的机会，相反，在衡中的课堂里，开怀大笑成了一道最美的风景线。笑声与课堂效率之间存在着必然的联系吗？回答是肯定的。衡中认为，要提高教学效率，就要让学生的思维活跃起来，而思维活跃往往是在放松的状态下实现的。"《人民教育》教学室主任余慧娟说。

国家985教师教育创新平台首席科学家胡卫平指出："课堂教学环境对学生的创造性思维和创造性人格的形成具有最直接的影响。课堂教学能给学生多大的舞台，学生就能跳出多美的舞蹈。久而久之，学生的思维就会像插上翅膀一样自

由飞翔。"

也许有人认为，衡水中学的做法并不一定完全科学，但我们不能否认其正在逐步走近科学，正在向教育规律靠拢。教育改革和探索的过程，就是不断走近规律的过程。

衡水中学大力倡导精细化和人性化管理，不断弱化"管"，努力强化"理"，注重沟通、服务和引领，强调严格但不苛刻，强调尊重但不放纵，切实走近教育规律。

学生管理

规范休息制度：避免宿舍里有睡的有闹的，保证学生八小时以上的高质量睡眠。

规范零食制度：杜绝路上边走边吃的现象，保证营养充足且能培养良好行为习惯。

规范跑操制度：远离一盘散沙式运动锻炼，保证学生的体育锻炼效益实现最大化。

严格自习制度：让学生自主学习更加高效，保证把课下的时间和空间都还给学生……

虽然，这仅仅是一些小的细节，却是人文的、人道的和人性的，是对每一个学生最大的尊重。如此，才把蕴藏在师生内心深处的积极因素发掘了出来，使师生个性飞扬、灵性闪动、人性升华，进而幸福快乐地学习、生活和工作。

衡水中学大张旗鼓地搞"给学生终生难忘的教育"，哪怕是高三，一天一次的"新闻课"、一周一节的班会课、两周一节的团活课，都是雷打不动，而且还要花很多时间组织系列精品德育活动，如走近衡水湖湿地、走近衡水内画等，努力创造充满吸引力的教育过程，把发展自主权交给学生，让学生在体验中学会相互欣赏和尊重，促进了学生健全人格和情感态度的培养。

在这里，虽没有深奥的高层理论，却蕴藏着丰富的内涵，如"让学生真正成为主体，会产生惊人的爆发力"，"融洽的师生关系是改善教育教学的催化剂"，"学生的成长首先得益于教师的专业发展"，"教育就是服务，其实质就是了解和满足学生的成长需求"，"决定学生长久发展的，除了课堂和书本知识，还有从更广阔空间获取的情感、态度、能力和价值观"等，与其说这是一些可操作的具体做法，还不如说这是一种教育思想和理念更妥帖。

从衡中走出去的学生，学校到底留给他们些什么呢？

毕业生郑宇鹏在给王文霞老师的信中写道："在北大未名湖畔，每天早晨6点多，都有一群学生自动组织起来跑操，然后晨读，成为未名湖畔一道亮丽的风景。这，都是咱衡中的学生！"

"作为一名曾经的衡中学子，时常难忘追求卓越的校训，它将与我终生相伴。正是在这样一种精神力量的鼓舞下，走出母校的莘莘学子，仍然在各行各业不断进取，勇攀高峰，取得了辉煌成就。"校友李欢于清华大学写道。

"衡中给我们打下了优秀的烙印，给了我们一辈子的光荣，给了我们绝对值得珍惜的、值得荣耀的高中生活——绝对的人才教育，绝对的素质教育。"现就读于清华大学的王晓玥说。

"在衡中学到的知识是次要的，高考仅仅是一项'副产品'，重要的是，她一点一滴教会我们做人。"现就读于北大的苑远说。

"在这样一个偏于浮躁的社会里，衡中给了我们一片净土，赋予了我们顽强拼搏的精神，培养了我们踏踏实实、追求卓越的信念。"北航讲师、1997届校友韦卫博士说。

衡中的办学行为是否遵循教育规律，学生们的成长感悟就是最好的回答。当然，它也说明这样一个问题，让教育引领学生的健康成长乃至一生，这就是衡水

中学教育改革的重要成果。

因此,有教育专家评价衡水中学,认为这不是一种简单的教育模式,不是一般意义上的教育现象,而是包含着深刻的思想支持和变革,是衡中人长期探索教育规律的结晶,是致力于回归教育本真走出来的一条创新之路。

关注成绩更关注未来发展

这些年,衡中人一直在思考:普通高中的功能是什么?定位又是什么?是关注高考分数和成绩,把学生送进高等学府,还是关注人格教育和未来发展,让学生适应和迎接社会的挑战?

张文茂认为:如果站到国家发展的战略高度来看,高中教育对提升国家的竞争力和全民基本素质具有基础性、先导性作用。目前,高中教育已从精英走向大众,是创新人才培养的起始环节,有着自己的特定任务和独立价值。它既承担着为高校输送优质生源的义务,也承担着为学生顺利就业打基础的责任,更担负着促进学生个体发展、发掘学生个性宝藏、实现学生个人价值的重任,高中教育必须为学生的终生学习、人生幸福、融入社会、担当责任打好基石。

张文茂说:"高中教育不关注学生的成绩不行,但仅仅关注成绩和分数远远不够,我们还要关注学生的人品、学识、能力、情感和态度等,让学生学会做事和做人,始终充满激情地学习、生活和发展,不断进步,不断超越,进而变得更加优秀、更加卓越。"

马克思指出:"激情、热情是人强烈追求自己对象的本质力量。"只要生命在,激情就会在,只要激情在,生命将永远充满阳光。

衡中人认为,激情比智商更为重要,因为,创新最关键的是要有激情。为了给学生的终生幸福奠基,努力培养一批创新型人才,衡水中学全力构建激情文化。如组织荡气回肠的八十华里远足、开展撼天动地的践诺宣誓、集聚魅力四射的"重要他人"以及努力打造激情课堂等，最终形成了弥漫着整个校园的特有的一种"精神"和"生态"。

《中小学管理》主编沙培宁强调：正是这"精神"、这"生态"，使衡中的德育成为一种深入骨髓的浸润、一种触动灵魂的体悟；使衡中的学生在精神发育最关键的时期，获得了最丰富的营养，找到了自我发展的动力之源。

从实践上看，把关注高考成绩与关注精神成长有机统一起来，把思维创新与质量创优紧密结合起来，让学生在深造后能将所学到的新知识更好地转化为服务社会的能力，在这些方面，衡水中学有其独到的价值。

衡中毕业生李飞走出大学后参加了国家大学生西部计划，并担任了霍城县大学生志愿者服务队队长；毕业生肖宁在被北大保送上研究生后，经过深入思考，主动对个人成长规划进行了调整和修正，自愿申请到西部支教……

2004届毕业生郝佳不仅获得"清华大学优秀学生干部""北京市优秀毕业生"等殊荣，还被清华大学保送直接攻读博士学位；2008届毕业生赵骥考入清华后，学业成绩始终保持年级前十名，连续两年获高额奖学金，并担任了清华大学辩论队队长，南征北战，取得了不俗成绩；2009届毕业生黄邦斗入读清华后，学业成绩列全系第一，且很早就开始进入实验室参与科研工作；2010年考入清华的王子野、张宝廷等同学业已成为班级骨干，表现同样出色……

责任意识、科学精神、学习能力、行为养成、艺术修养……这些构成了衡水中学完整的教学和育人体系，而这些要素也将为学生未来的可持续发展奠定基础。

"学校能送给学生的，不仅仅是一张大学录取通知书，最重要的，是给他们终生难忘的教育和终身受益的情感和能力。"王建勇副校长说。

河南师大附中崔夏锋老师考察后说："衡中学生的精神面貌也是其校园环境中一道独特的风景，各个学生脸上都挂着一种热情、积极、充满期待和追求的表情；各个学生的言谈举止中都透露出青春的活力和使命般的紧张感。"

关注分数更关注学生的未来发展,衡水中学为不同的学生提供了不同的教育。由此,当学生丢掉捆绑在他们身上的枷锁以后,他们获得的是无价的精神财富与强大的内驱力。

施久铭记者认为:衡中的学生即使到了高三,老师们还坚持让其写记叙文,甚至是小小说,他们要把学生艺术创造中的真实情感经历唤醒并释放出来。它更大的价值就在于,这种教学,由于眷注了学生的真实情感,而使之终身受益。

钱学森指出:艺术修养不仅可以让人加深对作品中那些诗情画意和人生哲理的深刻理解,也可以让人学会艺术上大跨度的宏观形象思维。他说:"这些东西对启迪一个人在科学上的创新是很重要的。"

由此看来,高升学率之于今天的衡水中学,成绩和分数只是表象,如果冷静和理性地透过表象看本质,不难发现,它体现出的是一种开放、灵活、多样的特色教育,体现出的是对学生未来发展的尊重和包容。"衡水中学的教育启示,蕴含着一种'天将降大任于斯人'的哲学思考和'动心忍性'的道德修养,亦不失为可供借鉴与参考的深刻范例。"

刊发于《基础教育课程》2012年第6期

原标题《在质疑和挑战中前进》

·衡中思考·

各界荣誉：衡中何以持之以恒、青春常在

近年来，衡水中学可以说是硕果累累，战绩辉煌，中共中央组织部、中央文明委、全国妇联、中华全国总工会、教育部、共青团中央等部门，分别授予衡水中学全国文明单位、全国先进基层党组织、全国巾帼文明岗、全国三八红旗集体、全国工人先锋号、全国五一劳动奖状、全国五四红旗团委、全国关心下一代工作先进集体、全国依法治校示范校等国家级殊荣，这充分体现了党和国家对衡水中学的高度肯定和关怀。

衡水中学以丰硕的办学成果，不断吸引着社会各界的关注，全国各地的教育工作者、专家学者、媒体记者和领导官员们纷至沓来，或观摩学习，或取经探秘，或考察指导。刘延东同志在学校视察时指出，衡水中学是一所办得非常好的学校，希望衡中把先进的理念和好的做法进行辐射。

大家不禁感叹，为什么一所位于经济欠发达地区的高中，能够成为全国高中教育的领跑者？是什么支撑着衡水中学取得辉煌的成绩，并持之以恒地保持着一年上一新台阶的发展势头？

"衡中能取得今天的成绩，并不断地进步和提升，得益于衡中有一支强有力的干部管理队伍，得益于衡中有一支团结奉献、业务精湛的专家型、学者型教师队伍，得益于衡中一批批勤学善思、努力上进的优秀学子，还得益于各级领导的厚爱、广大专家学者和社会各界朋友们的支持和帮助。"衡水中学校长张文茂认为，衡中之所以长盛不衰、青春常在，绝对不是某一个体的功劳，而是各种正能量叠加催生的结果。

一套班子带得好

以校长张文茂为首的校领导班子,团结、务实、清廉,从大局出发、以事业为重、对未来负责、为师生着想,像一团火一样,激情奋斗,知人善任,创造了一个既张扬个性又整合共性、既有辣椒味又有人情味、既团结紧张又生动活泼的良好环境,不断引领着学校发展方向。学校领导班子年度考核连年被市委评为"优秀"。

1. 信念坚定讲党性

校领导班子时刻以理想信念立身,坚定政治立场,坚持教育事业为社会主义现代化建设、中华民族伟大复兴的中国梦服务,全面贯彻落实党的教育方针,确保办学方向、工作思路同党中央和各级党委政府保持高度一致。

"思想是源,行为是流。我们有什么样的思想作风,就有什么样的学风、工作作风、领导作风和生活作风。"张文茂校长语重心长地告诫班子成员,办好人民满意的教育,领导干部就要带头讲党性、讲原则、讲规矩,引领全校上下以立德树人为教育根本任务,以社会主义核心价值观为根本遵循,旗帜鲜明地开展爱国主义、集体主义和中国特色社会主义思想政治教育,全力培养德、智、体、美等全面发展的社会主义建设者和接班人。

2. 以身作则重德行

学校班子成员始终保持共产党员的政治本色,以高度负责的精神,严于律己,率先垂范,寓力量于无形,施教化于无声,人人争做高尚人格的践行者。学校规定领导班子要做到"四让""六个相互"。

四让

让荣誉称号

让职称指标

让高考奖金

让学习机会

六个相互

相互尊重

相互信任

相互配合

相互支持

相互谅解

相互补台

校长张文茂作为从教近四十年的老教师,走上领导岗位二十多年,直到2014年才被评为特级教师,而且没有占用学校名额。

"老师们工作很辛苦,有荣誉一定要让给他们。"张文茂经常说。据副校长王建勇介绍,学校领导班子,认真贯彻中央八项规定,坚决杜绝铺张浪费、收受礼品等违规违纪现象,保持了衡中人清正廉洁的良好形象,为广大教职员工做出了榜样。

3. 团结奋进有韧性

卓越管理使人人做好表率。衡中班子成员认为,管理就是陪伴、表率和服务。"有困难的地方要有领导干部,有师生的地方要有领导干部,有师生的时间要有领导干部。"在衡中,工作在领导干部心中永远是第一位的,学校就是冲锋战斗的战场,同事就是并肩作战的战友,所有人都是以校为家,心往一块儿想,劲往一处使,每天的工作时间都在十三四小时,从来就没有"节假日""星期天",也没有其他"业余生活",因为工作就是他们的业余爱好。学校班子成员大部分

都是从一线教师一步一个脚印成长起来的,而且现在有两名副校长仍然在一线带班。以班子成员为首的学校领导干部,每周还要做到"至少和老师交流一次、至少发现一个问题、至少参加一次教研"等"十个一"活动,努力以自身的敬业作风去影响和带动广大教师。由此,全校上下形成了"校风正、干劲足、齐心谋发展"的良好局面。

"学校的发展成绩来之不易,要坚持务本求真、追求卓越的精神和理念不动摇,坚持课堂教学改革、转变教与学的方式不动摇,坚持引导学生自主学习、管理、发展不动摇,坚持常规为基、安全第一、质量至上不动摇。"校长张文茂在党政联席会上强调,为了履行领导责任,实现教育梦想,不管遇到多大困难、多少非议,学校领导班子将不管东南西北风,咬定质量不放松,坚持静观哲思,沿着既定方向,一个目标追到底,一条路子走到底,一个办法干到底,不断引领学校实现新的发展。

一块金子亮起来

"绣花要得手绵巧,打铁还需自身硬。"衡中辉煌成绩的背后,凝聚着全体衡中人的高超智慧和辛勤汗水。他们有着金子般的心灵,以先进的办学理念、精湛的教学艺术和强烈的成长意识,在立德树人实践中,让衡中品牌熠熠生辉。

1. 领导有金手指

"一所学校的发展,要靠校长出思想、副校长出思路、中层干部出措施、老师员工要出行动。"张文茂认为,学校领导班子肩负着学校发展方向的重任。

衡中发展历程可以概括为完善学校制度建设、深化课堂教学改革、促进教师专业成长三个阶段,并重点实施了高考成绩、学科奥赛、艺术体育、国际教育四大发展战略。其间,衡中领导班子高站位决策,把宏观和微观、共性和个性、典型和类型、时间和空间有机地结合起来,带领全校教职员工,恪守"追求卓越"

校训，首创并践行了五大办学理念，提出了十六字办学方针，开创了责任教育发展新思路。

"这些奠定了学校的发展基调和价值取向，形成了衡中的办学特色，激发了师生的创造活力，开创了师生同乐、家校共赢的新局面。"副校长康新江介绍，衡中的办学理念、办学方针和办学思路，向着真正以学生为主体和核心迈进，不断引领着学校发展和学生成长，走出了一条充满活力和哲理的衡中之路。

五大办学理念

核心理念——卓越文化让精神特区充盈

德育理念——卓越德育使学生终身受益

教学理念——卓越教学促师生共同成长

管理理念——卓越管理使人人做好表率

生存理念——卓越生态助师生激情燃烧

十六字办学方针

立德树人

全面优质

追求卓越

和谐发展

责任教育发展新思路

办负责任的学校

当负责任的教师

做负责任的学生

2. 老师有金刚钻

衡中教育管理和教学质量持续保持领先优势，核心竞争力是有一支素质过硬教师队伍。

"学校要尊重教师的发展需求，给予教师更多培训福利。"校长张文茂介绍，按照"有理想信念、有道德情操、有扎实知识、有仁爱之心"的四有好教师标准，衡中重点实施了"请进来讲、走出去学、坐下来读、沉下身研、扶上台赛、推出去说"教师专业发展六大举措，让教师们不断更新教育思想，提高教育智慧，努力"做学生锤炼品格的引路人，做学生学习知识的引路人，做学生创新思维的引路人，做学生奉献祖国的引路人"。特别是，在深化课堂教学改革上，衡中提出了"三三三"教学法，制定了"三实、三声、三度"教学要求，大力推行"四个五"。

"三三三"教学法

教学目标三要求——掌握知识、发展能力、提升素养

教学过程三注重——注重自主学习、注重合作探究、注重拓展提高

教学发展三境界——教师乐教会教、学生乐学会学、课堂高效和谐

"三实、三声、三度"教学要求

三实——真实、朴实、扎实

三声——笑声、赞美声、惊讶声

三度——参与度、有效度、鲜活度

四个五

教师连续授课时间不超过5分钟

学生自主掌握时间不少于5分钟

……

"衡中教师在教学指导思想、课堂容量、训练量、作业完成率和自习时间分配等方面，科学合理、扎实高效，能够全面体现以学生为本。"教育同人观摩了衡中课堂后，普遍认为衡中教师遵循教育规律、注重教学艺术。

目前，衡中有国务院特贴专家3人、特级教师13人、省中青年专家4人、省三三三工程二层次人才10人、国家和省级骨干教师28人。五年来，教师们先后有70余项教育教学科研成果获国家、省级奖励，近500人次获得全国先进工作者等各级荣誉称号，200余人次夺得各类教学比赛特等奖或一等奖。

3. 学生有金钥匙

在衡中，学生求知欲望强烈，成长动力强劲，拥有广阔的自由发展、独立思考的空间和权利。

"尊重学生的重要体现就是允许学生出错、允许学生质疑、允许学生争辩。"副校长康新江认为，衡中教学是探究知识、张扬个性、完善人格的统一，并形成了一种共享知识、共享智慧、共享幸福的文化基调。

另外，张文茂校长经常说："学校的育人目标要多层次、多类别，教育途径要多元化、全面化，助力学生全面而有个性的成长。"为此，衡中持续丰富学生社团活动，有序推进校本选修、大学先修课程，不断探索奥赛艺体、科技创新、国际教育和航空教育等人才培养新模式。礼仪学堂、中国古代文化名人等100余门校本选修课程，北京大学、中国教育学会与清华附中举办的数十门大学先修课程，观澜国学社、紫枫文学社等50余个学生社团，中澳、中英、中美、中加等国际项目，以及机器人工作室、模拟飞行训练室等平台，让学生主动参与其中，开拓新视界、锻炼新思维、实现新想法，有效满足了不同层次、不同兴趣爱好学生的需求。近五年来，学校不仅有562人考入清华、北大，111人考入香港

大学等著名港校,奥赛骄子更是勇夺国际金银牌6枚、全国金牌61枚,艺体科技健儿有5人获国家级运动健将称号,并勇夺中国青少年科技创新奖等各级荣誉1700余项。

一首曲子唱得响

衡中人大力构建卓越文化,全面践行责任教育,逐渐形成了"忠诚履责、求真务实、精诚合作、卓越进取、奋发有为、多元竞放"的衡中精神。校长张文茂介绍,忠诚履责是担当精神,求真务实是科学精神,精诚合作是团结精神,卓越进取是创新精神,奋发有为是拼搏精神,多元竞放是开放精神。这一学校文化精神,彰显了衡中人的育人特质、精神面貌和责任担当,对外是一面旗帜,对内是一个纲领,唱响了一曲立德树人的高亢进行曲,开启了一种和谐共生的学校文化空间,创造了一个尊重人的价值和精神的人文环境。

1. 文化育人凝聚正能量

1996年以来,衡中以创建精神特区为抓手,重点实施并深入推进了人格引领、活动体验等举措,培育了"责任担当、追求卓越"的精神正能量,悄然引领师生将责任文化、厚德文化、创新文化、和谐文化成为自觉行动。

"精神特区是指一种全新的校园文化氛围、空间。它能净化教师的心灵,养育教师的精神追求,升华教师的精神境界,使每一个教师的整个生活都充满激情,充满理想,充满活力。"副校长王建勇介绍,衡中的老师人人比责任、比奉献、比人格。有的毕业班老师,临近高考查出患病,她说服家人保守治疗,坚持为孩子们上好最后一节课,才赴京治疗;还有的老师因老人生病住院,便一边陪护一边备课、批改作业,没有给学生落下一节课;更有的老师天天早出晚归,出门时孩子未醒,回家后孩子已睡下,天真的孩子问妈妈:"世界上会不会有人累死?我怕妈妈会累死。"在衡中这样的例子太多了。江苏一位校长考察衡中后说:"当精神成为一种氛围，敬业就会成为一种时尚。"学生在教师高尚师德的引领下，也逐渐体验到了生命之意义和人生之价值。此外，学校在学生德育上还努力聚焦活动体验，坚持"重过程、抓细节、强体验"的原则，每年都举办科技创新类、社会实践类、阳光体育类、心理教育类等60余项精品活动。"八十华里远足、十大杰出学星、十大道德模范评等是深受广大师生欢迎的品牌德育活动。特别是成人礼活动，融传统特色和时代气息于一体，有效激发了学生内心深处的感恩、爱国、责任等崇高情感。"教育处主任郭春雨认为，学校活动让师生激情参与其中，在核心价值观的选择中有所为有所不为，切实达到了强化价值取向的目的。由此，衡中德育团队也被河北省委宣传部树为培育和践行社会主义核心价值观先进典型，并被授予"燕赵楷模"荣誉称号。2015年1号国务院研究室《送阅件》更是专题刊发了"创新发展 培育英才——河北衡水中学以德为先办学经验和启示"一文。

2. 夺首争星高唱正气歌

衡中通过组织开展"夺首争星"活动，大力营造"逢先必创、逢优必争、逢旗必扛、逢冠必夺"的干事氛围，让教师们有贡献就有荣誉，有作为就有位置，旗帜鲜明地高唱正气歌、弘扬主旋律，积极引导师生员工投入奋发有为的"立德树人"实践之中。

王建勇介绍："夺首争星活动对不同年龄段的教师都有具体的评选办法，分别对应首席教师、首席班主任、衡中腾飞突出贡献者、星级教师、星级班主任、星级服务标兵等称号，并采取年度评选、定期考评、分类评星、动态管理的方式进行评聘，对考评得分达不到相应星级标准的，及时予以降星，对考评得分达到更高星级标准的，按程序予以升星，使活动更具开展活力，使老师更有发展动力。"另外，学校还开展了师德标兵评选、杰出女教师评选、教学创新标兵评选等活动，大力表彰各方面的先进典型，并实行荣誉申报制，全体教职工都可以根据自己的

专业特长或者爱好申报适合自己的荣誉,学校将根据申报人的工作实绩授予相应的荣誉称号,并进行奖励。这些措施极大地激发了教职员工的工作热情和积极性,校园形成人人讲责任、人人创佳绩、人人争荣誉、人人讲正气的良好局面,教师们在追求成绩,获得荣誉中摆正心态,体会快乐、收获光荣、享受工作,成就事业。

3. 扶贫帮弱合力正步走

"每一所学校的发展都离不开优秀经验的学习和借鉴。自20世纪90年代以来,衡中之所以能实现持续稳健发展,很重要的一方面原因就是以开放办学的心态,并结合学校实际情况,不断学习、吸取和转化教育教学领域的好做法、好经验。"校长张文茂认为,衡中的发展离不开广大教育同人的支持和社会各界朋友的帮助,发展起来的衡中更应该按照刘延东同志视察衡中时提出的要求,肩负更大社会责任,把先进的理念和好的经验做法进一步辐射,并支持一些薄弱学校的发展建设,形成更大的基础教育发展合力。

近年来,衡中以"开放办学,共享资源"为指导思想,以支持薄弱学校发展为重点,在做好名师外出讲学、加强校际合作等常规工作的基础上,坚持开放共享办学责任,有效辐射优质教育资源。学校先后在云南、四川以及河北省的阜平、康保等省、市建立了帮扶学校,与新疆石河子市东方学校等50余所中学建立了友好学校关系,并利用全国性的大型会议、校园开放日、校长接待日等活动,邀请全国各地教育同人齐聚衡中,分享办学经验。几年来,来自全国的19万余名客人先后来校考察参观交流。目前,全国的很多示范性高中,无论是课堂、德育、管理,还是跑操、学生午晚休等日常常规工作,都有衡中的影子,并且取得了很好的效果。衡中特色育人经验辐射到了全国各地,为推动全国基础教育的均衡发展做出了一定贡献。

"习近平总书记曾勉励广大教育工作者,努力做教育改革的奋进者、教育扶贫的先行者、学生成长的引导者。"校长张文茂表示,在深化教育改革的大路上,衡水中学将不忘"立德树人"的教育初心，坚守"追求卓越"的教育梦想，持之以恒地推进素质教育，努力办好负责任的学校，为发展具有中国特色、世界水平的现代教育，培养社会主义事业建设者和接班人奉献更大力量。

刊发于《教育家》2016年第11期

原标题《衡中何以青春常在、持之以恒》